KB272947

국가 운영 시스템, 닮은 듯 다른

조선의 관청 대한민국 정부

저자 유정호

중·고등학교 역사 교사이다. 인하대학교에서 교육학과 사학을 전공했고, 한국방송통신대학원에서 평생교육학 석사 학위를 취득했다. 딱딱하고 어려운 용어로 가득한 역사가 아닌 실생활에서 활용할 수 있는 역사를 가르치고자 노력한다. 역사가 한국인으로서 정체성을 형성하게 해주고 자긍심을 갖게 해준다는 신념 아래 도서관·라디오·유튜브 등 다양한 장소에서 강연하고, 보훈교육연구원과 독립기념관 등 여러 기관에 글을 기고하는 등 활발한 활동을 펼치고 있다.

저서로 《한국사 속 별별 사이》, 《조선사 개념어 사전》, 《10대라면 반드시 알아야 할 한국 근현대사》, 《조선 왕 연대기》, 《꼬리에 꼬리를 무는 한국의 조약 이야기》(2023년 하반기 올해의 청소년 교양 도서 선정), 《무심코 지나쳤던 우리 동네 독립운동가 이야기》, 《한국사 시험에 가장 많이 나오는 100문 100답》, 《조선괴담실록》, 《1일 1페이지 조선사 365》, 《방구석 역사 여행》, 《족집게 한국사》 등이 있고, 《하루 1분 역사게임: 한국사편》, 《하루 1분 역사게임: 세계사편》을 감수했다.

이메일: u842@daum.net

네이버 밴드: band.us/@u842

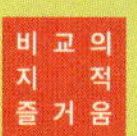

朝鮮

조선의 관청

국가 운영 시스템, 닮은 듯 다른

대한민국 정부

大韓民國

유정호 지음

국가는 어떻게
움직이는가,
나라를 움직이는
결정과 구조를 읽다

사람in
saramin.com

작가의 말

조선은 500년이 넘는 유구한 역사를 가진 나라입니다. 이토록 오랫동안 왕조를 유지한 나라는 세계적으로 흔치 않습니다. 그렇다면 무엇이 조선을 우리나라 역사의 축으로 자리 잡게 만들었을까요? 아주 많은 요소가 있겠지만, 저는 그중에서 크게 두 가지를 뽑고 싶습니다. 첫째는 건국 초기에 국가 운영의 원칙을 세웠고, 후대의 사람들이 그 원칙을 존중하며 지켜 나갔다는 것입니다. 둘째는 국가 운영을 효과적으로 할 수 있는 통치 시스템, 즉 정치 구조가 매우 체계적으로 조직되어 운영되었다는 점입니다.

지금의 정치 기구와 비교해 보면 체계적이지 못하고 비효율적인 운영으로 보일 수도 있습니다. 그러나 세계사 속 여러 나라와 비교해 보면 조선이 얼마나 훌륭한 시스템을 갖추었는지 알 수 있습니다. 또한 오늘날의 대한민국이 과연 500년 이상 존속할 수 있는 정치 기구를 갖추고 있는지를 생각해 본다면 조선의 정치 기구가 대단하다는 것도 알 수 있을 겁니다.

정치 기구는 국가를 유지하는 법을 만들고, 이 규칙이 맞는지를 판단합니다. 국민이 낸 세금을 어디에 얼마나 쓸지 결정하고 집행하죠. 또한 국민 간의 이해관계가 충돌하면 중재하고, 외부의 위협으로부터 나라를 안전하게 지킵니다. 즉, 정치 기구는 우리 모두가 안정적이고 행복한 삶을 살도록 보장하는 가장 근본적인 장치입니다. 그러나 정치 기구는 시대와 상황에 따라 새로 만들어지거나 사라질 수 있습니다. 마치 생명력을 가진 것이 환경에 맞추어 진화하거나 도태하는 것처럼요. 그렇기에 조선과 대한민국의 정치 기구는 비슷하면서도 전혀 다른 모습을 보여 줍니다.

그렇다면 조선의 정치 기구와 대한민국의 정치 기구는 어떤 점이 같고, 어떤 점이 다른지 알아볼까요. 조선은 신라와 고려의 정치 기구를 계승하거나 새로운 기구를 만들며 체계적인 시스템을 갖추고 있었어요. 대표적으로 나라의 중요한 일을 신하들이 모여 의논하고 결정한 최고 기관 의정부, 오늘날 국방부·외교부·행정안전부에 해당하는 기관으로 실제 행정을 담당한 육조, 국왕의 명령을 정리하고 관리하는 비서실 역할을 한 승정원, 왕이 잘못된 정치를 하지 않도록 감시하고 바른말을 한 홍문관·사헌부·사간원 등이 있어요. 이들 정치 기구는 조선이 왕 혼자서 국가를 경영하지 않고, 신하들과 협력하고 견제하며 나라를 운영했음을 보여 줍니다.

반면 오늘날 대한민국은 왕이 아니라 국민이 주인인 민주주의 국가입니다. 당연히 왕정 국가인 조선과는 다른 정치 기구를 가지고 있어요. 국민이 직접 뽑은 대표들이 모여 법을 만들고 나라의 큰 방향을 정하는 국회, 대통령과 부처들이 실제로 정책을 실행하는 정부, 문제가 생겼을 때 공정하게 판단하는 법원이 있죠. 이들 기관은 협력하면서도 서로를 견제하며 개인이나 특정 단체가 권력을 독점하지 못하도록 막아요. 이것을 '삼권 분립'이라고 합니다. 여기서 우리는 조선과 대한민국이 나라를 움직이는 방식은 다르지만, 백성의 삶을 안정시키고 국가를 부강하게 하기 위해 정치 기구를 만들어 운영했다는 공통점을 발견할 수 있어요.

우리는 조선의 정치 기구가 얼마나 훌륭하고 대단했는지를 아는 것에 멈춰서는 안 됩니다. 조선과 대한민국의 정치 구조를 비교하는 과정을 통해 기존에 없던 정치 기구가 새로 만들어질 때 어떤 부분이 보완되고 체계적으로 변화했는지를 이해해야 합니다. 그래야 오늘날 대한민국이 어떤 사회를 지향하고 있는지를 이해할 수 있어요. 더 나아가 조선 시대의 역사적 사실과 인물을 통해 우리가 무엇을 배우고 경계해야 할지 생각해 보는 기회를 갖는다면 더 좋겠죠.

이 책을 읽는다는 건 단순히 옛날이야기를 듣는 게 아니라 국가를 움직이는 힘이 무엇인지, 그리고 그 힘이 어떻게 시대에 따라 변화해 왔는지를 아는 일입니다. 조선의 정치 기구를 이해하면 오늘날 우리가 누리는 제도와 시스템이 우연히 만들어진 것이 아니라 오랜 시간의 시행착오와 고민 속에서 다듬어져 온 것임을 깨달을 수 있을 겁니다.

또한 과거를 알면 지금을 더 깊이 이해할 수 있고 미래에 어떤 사회를 만들어 가야 할지도 생각해 볼 수 있습니다. 조선의 정치 구조는 과거의 유산이지만, 동시에 오늘을 살아가는 데 중요한 거울이자 길잡이가 될 수 있죠. 그래서 저는 이 책을 많은 사람이 읽어 주었으면 합니다. 역사를 안다는 건 단순히 연도와 사건을 외우는 게 아니라, 우리 사회를 지탱하는 뿌리를 이해하는 것이니까요. 과거를 아는 사람만이 미래를 더 단단하게 세울 수 있습니다.

유정호

| 차례 |

I

조선 최고의 정치 기구 의정부

의정부란 바로 대신들이 백관을 통솔하고
모든 정사를 규찰하는 곳으로서
중요하기가 다른 관서와는 아주 다르다.

-『고종실록』

"저분이 명재상으로 유명한 황희 정승이지?"

"그럼. 세종 대왕께서 가장 믿고 신임하는 분이지. 그러니까 벌써 18년 동안이나 의정부 영의정부사로 계시는 게 아닌가."

"그런데 황희 정승이 개인적으로 문제가 있다는 안 좋은 소리가 들리던데, 만인지상의 자리에 앉는 것이 맞나 싶어."

"예끼, 이 사람아. 전하께서 그것을 모르겠는가. 황희가 저지른 잘못을 나라와 백성을 위해 일하는 것으로 갚으라고 80이 넘은 나이에도 일을 시키는 것이 아닌가."

"하긴. 그렇게 보면 영의정부사를 하는 것이 마냥 좋은 것만은 아닌 듯싶네."

의정부는 조선을 대표하는 최고 정치 기구이자 행정 기관이에요. 하지만, 나라를 운영하는 국왕의 국정 철학에 따라 하는 역할과 권한이 바뀌기도 했어요. 의정부는 어떤 일을 담당했고, 오늘날 어떤 정부 조직과 비슷할까요? 또 의정부와 관련한 사건과 인물은 누가 있는지 자세히 알아보죠.

의정부의 기능과 변천

1392년 개국한 조선은 백성들의 혼란과 동요를 막기 위해 한동안 고려의 제도와 문물을 유지하며 나라를 경영했어요. 그러나 조선의 설계자들은 고려와는 다른 나라를 만들고 싶었죠. 성리학에 기반하여 백성에게 희망을 주는 새로운 세상을 말이죠. 그 결과 고려의 정치 제도를 토대로 세련되면서도 시스템이 잘 갖추어진 조선만의 독특한 정치 기구를 만들게 됩니다. 그중에서도 조선을 대표하는 최고 정치 및 행정 기관의 역할을 하는 관청이 '의정부'입니다. 의정부議政府를 한자로 풀이하면 '나랏일을 의논하는 관청'이라는 뜻이에요. 다시 말하면 이곳에 모인 재상들이 문관과 무관, 즉 모든 관리를 관리하는 동시에 백성이 행복하게 살 수 있는 정책을 논의하고 결정하는 일을 총괄한다는 의미가 담겨 있어요.

그런데 여러분, 의정부를 다르게 부르기도 했다는 사실 알고 있나요? 조선 시대 사람들은 '낭묘·도당·묘당·정부·황각'이라고 부르기도 했습니다. 그렇다 보니 한글로 번역된 『조선왕조실록』에는 의정부가 아닌 '도당'이라고 기록되어 있기도 해요. 역사를 좋아하고 관심 있는 분이라면 도당이라는 말을 영화나 드라마를 통해 접해 본 적이 있을 거예요.

의정부가 등장한 것은 제1차 왕자의 난[1]으로 태조 이성계가 물러난 이후예요. 정종이 왕위에 올랐지만, 정국을 운영했던 실세는 훗날 태종이 되는 이방원이었어요. 국왕이 국정을 운영하는 주체로서 주도권을 가져야 한다고 생각한 이방원은, 1400년 정종을 앞세워 재상들의 권한을 약화하기 위해 '도평의사사'의 권한을 분리해요. 재상들이 국정과 군권을 총괄하는 고려의 최고 정치 행정 기관인 도평의사사를 장악하던 것을 더는 용납하지 않겠다는 의지의 표출이었죠. 그 결과 정책을 논의하고 결정하는 국정 운영은 의정부가 담당하고, 군대를 통솔하는 군권은 '삼군부'가 맡게 되면서 관료들의 힘이 분산되었어요. 당연히 상대적으로 왕권은 강화되었겠죠.

1) 이성계의 다섯 째 아들 이방원이 일으킨 난으로 정도전 등 개국 공신이 죽고, 태조 이성계가 왕의 자리를 정종에게 물려준 사건

하지만 현실은 뜻대로 되지 않았어요. 국왕인 정종이 국정 운영에 관심을 두지 않았거든요. 정종은 제1차 왕자의 난으로 태조와 이방원의 갈등이 높아지는 가운데 어부지리로 국왕이 된 만큼 국정을 책임져야 하는 임금의 자리가 자신의 것이라고는 눈곱만큼도 생각하지 않았던 것이에요. 정말 이래도 되나 싶을 정도로 국정 운영에 관심을 두지 않다 보니, 삼군부에 배치되었던 관리들이 얼마 지나지 않아 슬금슬금 의정부 구성원으로 참여하게 돼요. 그 결과 의정부는 기존의 도평의사사와 다른 모습을 보여 주지 못하게 됩니다.

이를 못마땅하게 본 이방원은 국왕으로 즉위하자마자 의정부의 권한과 역할을 축소하는 동시에 육조[2)]의 판서들이 모든 업무를 왕에게 직접 보고하는 '육조 직계제'를 시행하도록 지시해요. 이를 위해 육조의 최고 관리자인 판서의 품계벼슬자리의 등급를 정2품으로 높여 독자적으로 정책을 결정하고 시행할 수 있도록 힘을 실어 줘요. 그러자 의정부는 국가를 경영하는 데 필요한 실질적인 업무를 보고받지 못하면서 정책을 논의하고 결정할 권한이 사라졌어요. 결국 의정부는 왕을 견제할 힘을 잃게 됩니다. 그렇게 태종은 왕권 강화를 이루었어요.

그러나 태종의 뒤를 이어 국왕으로 즉위한 세종은 생각이 달

2) (六曹) 주요한 국무를 처리하던 '이조·호조·예조·병조·형조·공조' 여섯 관청

랐어요. 국왕과 재상들이 국가의 주요 문제를 같이 논의하고 결정하는 것이 나라를 경영하는 데 이득이 크다고 생각하며 육조의 권한을 줄이고 '의정부 서사제'를 실시하도록 합니다.

의정부 서사제에서는 우선 육조가 국왕이 아닌 의정부에 업무를 보고해요. 그러면 의정부의 영의정·우의정·좌의정이 국정 현안을 검토하고 이에 맞는 정책을 논의한 뒤 국왕을 찾아가 자신들의 의견을 건의합니다. 이때 국왕은 경험과 지혜가 풍부한 재상들의 도움을 받는 만큼 국정 현안을 결정하는 부담이 줄어들어요. 또한 이들이 수많은 국정 현안을 중요성과 긴급성을 고려하여 우선순위를 나눈 뒤 대책까지 제시해 주니 국왕의 업무는 크게 감소했지요.

하지만 의정부 서사제에도 단점이 있어요. 국왕이 모든 업무를 보고받지 못한 채 특정 현안과 정보만 보고 받다 보면 국정을 총괄적으로 파악하지 못하는 문제점이 나타나요. 더 나아가 국왕이 자신보다 많은 정보를 가진 재상에게 의지하게 되면서 왕권이 약화하기도 하지요. 이런 문제로 일어난 사건이 '계유정난'입니다. 어린 단종은 의정부의 재상이던 김종서와 황보인에게 국가 정책을 결정하는 일뿐만 아니라 국왕이 행사해야 할 인사권마저 맡기며 의지했어요. 이를 황표정사[3]라고 해요. 결

3) 김종서와 황보인이 인사 대상자 중 임명할 사람 이름 위에 노란 종이를 붙이면 단종이 그 위에 점을 찍어 임명한 것

국 세종의 둘째 아들 수양 대군은 이런 모습들이 월권을 넘어 건국된 지 얼마 되지 않은 조선을 무너뜨릴 수 있다며, 계유정난이라는 정변쿠데타을 일으키게 된 것이죠.

단종을 내쫓고 국왕으로 즉위한 수양 대군세조은 다시 의정부 서사제를 육조 직계제로 되돌리며 왕권을 강화하는 정책을 펼쳐요. 이후로도 의정부의 역할과 기능은 국왕에 따라 변화해 갔어요. 대한민국 정부도 어떤 대통령이냐에 따라 부서의 역할과 기능이 변화하는 것처럼 말이죠. 그러다 1510년중종 5년 삼포왜란[4] 때 처음으로 임시 운영된 '비변사'가 임진왜란 때 전쟁 수행을 위한 최고 기관이 된 이후 기능이 확대 및 강화되면서 의정부는 조선 후기에 제 역할을 하지 못하게 돼요. 국왕과 함께 국가 운영을 두고 여러 정책을 논의하고 결정하며 정국을 이끌어 가던 최고 높은 기구에서 단순히 왕을 보좌하는 자문 기구로 전락하고 만 거죠. 그러나 의정부의 재상이 갖고 있는 영향력은 변하지 않았어요. 비변사의 일원으로 국정을 논의하고 결정하는 데 큰 영향력을 행사했을 뿐 아니라, '만백성을 위한 재상'이라는 뜻을 가진 만인 재상으로 불리며 백성들에게 국왕 다음으로 높은 사람으로 인식되었으니까요.

4) 제포, 부산포, 염포에서 활동하던 일본인들이 일으킨 폭동

ㅣ 고려와 조선의 정치 기구 ㅣ

고려	-	도평의사사	-
조선	정종	정치: 의정부 군사: 삼군부	왕권 강화 목적으로 도평의사사 역할 분리
	태종(이방원)	육조 직계제	왕권 강화 목적으로 의정부의 권한 약화
	세종	의정부 서사제	의정부 역할 재강화
	세조(수양 대군)	육조 직계제 재시행	왕권 강화 목적
	중종	비변사	외침에 대처하기 위한 임시 기구

ㅣ 육조 직계제 vs 의정부 서사제 ㅣ

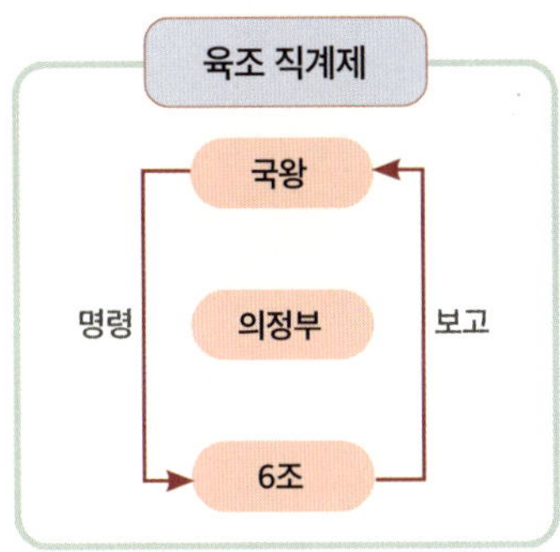

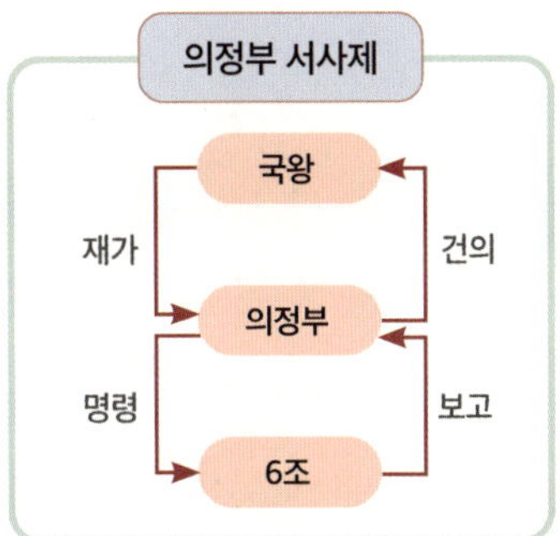

〈의정부〉

* **다른 이름** 도당, 묘당, 정부, 황각, 낭묘
* **담당 업무** 육조(6조) 지휘, 국정 운영 총괄
* **관원** 영의정·좌의정·우의정(정1품), 좌찬성·우찬성(종1품), 좌참찬·우참찬(정2품), 사인 2명(정4품), 검상 1명(정5품), 사록 2명(정7품)

의정부와 비슷한 대한민국 정부 기관

대한민국에는 의정부의 기능을 그대로 계승한 정부 기관이 없어요. 왜냐하면 왕이 주권을 갖고 국가를 경영하는 조선과 달리 대한민국은 나라의 주권이 국민에게 있기 때문이에요. 그래서 특정 인물이나 집단이 권력을 독점하지 못하도록 입법, 사법, 행정의 권한을 분리해 견제하는 삼권 분립이라는 원칙을 세우고 운영하죠. 즉, 대한민국은 의정부처럼 막강한 권한과 영향력을 행사하는 기관을 지양해요. 또한 조선에 비해 현재 행정 기구의 업무가 세분되고 전문화가 된 만큼 의정부의 역할과 기능에 딱 맞아떨어지는 기관을 찾을 수 없어요. 그래도 의정부의 역할과 가장 가까운 기관을 찾는다면 국회 또는 국무총리 산하 기관어떤 기관에 딸린 단체이 있습니다.

국회가 가진 권한 중 하나는 조선의 의정부가 왕권을 견제하는 것처럼 대한민국 행정부를 견제하는 일이에요. 국회는 행정부가 국민을 위해 올바르게 일하고 있는지 감시하고 통제하는 역할을 하죠. 그래서 국무총리, 장관, 대법관 등 주요 공직 후보자의 자격과 도덕성을 검증하기 위해 인사 청문회를 열고 문제 발생을 사전에 제거하려 노력합니다. 그리고 행정부가 국정 운영을 잘할 수 있도록 감독하고 검사하거나 특정 사안에 대해 조사합니다. 이때 문제가 발견되면 국회는 해당 국무위원에 대해 해임 건의안을 의결하거나 책임을 묻는 방식으로 행정부를 견제할 수 있어요.

국회는 국가의 살림에도 관여하는데, 행정부가 국민이 낸 세금을 올바르게 쓰는지 감시하기 위해서 매년 정부가 제출한 예산안을 검토하여 승인해요. 1년이 지난 뒤에는 계획에 맞춰 세금을 잘 썼는지 확인하지요. 이외에도 국회는 국민의 뜻을 반영하여 법을 만들거나 없애는 일도 해요. 법을 만들거나 고치는 일은 국회 의원이 아닌 정부도 요구할 수 있으나, 반드시 국회에서 과반수의 찬성으로 결정되어야만 해요.

어리거나 정치 경험과 지식이 부족한 국왕을 보조하는 역할을 하던 의정부의 기능은 국무총리 주재 산하 기관이 담당하고 있어요. 국무총리가 대통령을 보좌하여 정국을 안정시키고 행정의 능률을 높인다는 점에서 의정부의 영의정과 비슷한 역할을 한다고 생각하면 이해가 빠르답니다. 영의정 이하의 재상들은 각기 자신이 맡은 정부 기구의 일을 관리·감독하여 국왕의 업무 강도를 낮추고 효율적인 의사 결정을 할 수 있도록 도와줬다는 점에서 국무총리 산하 기구의 역할을 했다고 할 수 있겠네요.

또한 조선 시대 국왕이 죽거나 의식 불명 등으로 정치를 할 수 없을 때는 의정부의 재상들이 임시로 국정을 이끌었어요. 국왕이 너무 어릴 때도 마찬가지예요. 국왕이 성인으로 성장하여 국정을 이끌어 갈 때까지 의정부의 재상들이 임시로 국정을 이끌었죠. 예를 들어 단종이 어린 나이에 국왕이 되었을 때, 어머니, 할머니 등 직계 가족이 없어서 의정부의 재상 황보인과 김종서가 국정을 총괄했던 것처럼 말이죠. 지금의 대한민국도 대통령에게 안 좋은 일이 생겨 국정을 이끌 수 없으면, 국무총리가 대통령을 대신해 업무를 보는 권한 대행으로 다음 대통령이 선출될 때까지 국정을 이끌어 가도록 규정하고 있어요.

그럼 국무총리의 역할에 관하여 조금 더 자세히 알아볼까요. 국무총리는 대통령의 명령을 받아 각 행정부처의 수장인 장관들을 지휘하고 감독하는 일을 해요. 또한 중요 정책을 논의하는 국무 회의의 부의장으로서 대통령을 대신하여 회의를 이끌고, 정부의 중요 정책을 심사하고 토의하는 데 깊이 관여합니다.

〈국회의 주요 업무〉

* 정부 감시 및 견제: 인사 검증, 국정 감사 및 조사, 해임 건의
* 국가 재정 관리: 예산 심의, 결산 심사, 세법 제정
* 법률 제정 및 개정

〈국무총리의 주요 업무〉

* 대통령 보좌 및 행정부 총괄
* 국무 위원 임명 제청 및 해임 건의
* 국무 회의 부의장 및 중요 정책 심의
* 대통령 권한 대행 및 총리령 발령

역사 속 의정부와 주요 인물

의정부의 일곱 재상과 서열 순위

의정부는 총 7명의 관리가 모여 국정을 이끌었어요. 여러분들도 많이 들어봤을 영의정, 우의정, 좌의정 외에도 이들을 보좌하는 좌찬성·우찬성과 좌참판·우참판까지 4명이 더 있습니다. 이들 중에서 제일 높은 관료는 외교와 형벌에 관한 업무를 주관하는 영의정이에요. 1466년 세조가 영의정으로 명칭을 바꾸기 전까지는 '영의정부사'로 불렀기에 역사 관련 서적이나 드라마 등에서 영의정 대신 영의정부사로 등장하는 일이 종종 있어요. 예를 들어 세종의 장인이던 심온이 영의정부사로서 명나라에 사신으로 갔다가 돌아오는 길에 역적의 누명을 쓰고 죽는 일이 벌어져요. 이때는 영의정이란 명칭이 나오기 이전이니까 영화나 드라마 등에서는 심온을 영의정부사라고 표현하겠죠. 이외에도 영의정을 부르는 다른 명칭으로 '영상領相'이 있어요.

영의정 다음 지위인 좌의정좌상은 문관 선임 등의 일을 맡아보던 이조의 인사권과 관련된 업무를 담당했고, 우의정우상은 군사에 관한 일을 맡아보던 병조의 인사권과 관련된 업무를 관장했어요. 이처럼 조선 시대 의정부를 이끌었던 영의정·좌의정·우의정을 일컬어 '삼정승' 또는 '삼공'이라 불렀지만, 그 안에서도 영의정→좌의정→우의정 순으로 서열이 나뉘어져 있었어요.

그런데 왜 좌의정이 우의정보다 높을까요? 여기에는 과거 선조들이 만물 우주가 땅·여자·신하로 대변되는 음陰과 하늘·남자·임금으로 대변되는 양陽으로 구성되어 있다고 생각하던 관념이 깔려있어요. 그러면서도 선조들은 은근히 음보다는 양을 더 좋은 것으로 봤어요. 즉, 음양이 갈등하지 않고 조화를 이룰 때 세상이 평화로워진다고 말하면서도, 양을 뜻하는 왼쪽좌이 음을 뜻하는 오른쪽우보다 높다고 인식한 거죠. 이런 사상이 관직의 서열에도 영향을 미쳐 우의정보다 좌의정을 높게 여겼답니다.

이들 삼정승은 임금에게 유교 경전과 학문을 설명하면서 국정을 논의하는 경연을 총괄하는 최고위직과 왕의 자문 기관이자 학술 연구를 담당하는 홍문관의 최고위직, 국왕의 비서실로 왕명 문서와 역사를 기록하는 예문관을 총괄했어요. 또 국가의 모든 역사를 기록하고 편찬하는 춘추관, 외교 문서를 작성하고 관리하는 승문원, 천문·지리·역법·기상 관측 등을 담당하는 관상감의 책임자 외에도 다음 국왕으로 즉위할 세자의 교육까지 담당했답니다.

삼정승이 이토록 많은 일을 어떻게 다 할 수 있었을지 의문이 생기지 않나요? 사실 이들 자리는 실무를 담당하기보다는 명예직에 가까워서 삼정승은 충분히 많은 일을 수행할 수 있었답니다. 그렇다면 왜 굳이 삼정승을 명예직으로 임명했을까요? 여기에는 이들 관청이 어디에도 흔들리지 않고 맡은 일을 추진할 수 있도록 힘을 실어 주는 동시에 막중한 책임감을 느끼고 행동하라는 의미가 담겨 있답니다.

의정부 삼정승 밑으로는 이들을 보필하는 좌찬성과 우찬성이 있어요. 이들을 삼정승 다음가는 재상이라고 하여 다음 또는 두 번째라는 뜻을 가진 한자 이貳를 사용하여 '이상' 또는 '이재'라고 부르기도 했어요. 이들은 원래 각각 1명이었으나 의정부 서사제가 시행되면서 2명씩으로 늘어나게 됩니다. 좌·우찬성 아래 관직으로는 삼정승을 보필하면서 국정을 논의하는 자리에 참석하는 좌참판과 우참판이 있어요. 이들도 원래는 1명씩이었으나 의정부 서사제 이후 각 2명으로 늘어납니다.

삼정승 (삼공)	영의정(영상)	외교, 형벌 담당
	좌의정(좌상)	이조 인사권
	우의정(우상)	병조 인사권
이상(이재)	좌찬성	삼정승 보필, 각 1명 (의정부 서사제 이후 각 2명)
	우찬성	
-	좌참판	
	우참판	

영의정을 배출한 69개 가문

의정부 재상이 되는 나이와 횟수는 따로 정해진 것이 없었어요. 뛰어난 업적이나 덕행으로 관리들의 존경을 받으면 언제든지 의정부 재상에 오르는 것이 가능했죠. 그래서 조선 시대에는 42살에 영의정에 오른 이덕형부터 80대에 영의정에 오른 황희까지 나이대가 굉장히 넓어요. 또한 조선 시대는 160여 명이 영의정으로 부임했는데, 그중에 89명이 두 번 이상 영의정이 되어 국정을 총괄했습니다. 그렇다고 영의정이 되는 일이 쉽다고 생각하면 안 돼요. 문과에 급제한 750여 개의 가문 가운데 영의정을 배출한 가문은 불과 69개 가문에 불과했으니까요. 더 나아가 2명 이상의 영의정을 배출한 가문은 31개, 3명 이상을 배출한 가문은 21개밖에 되지 않는답니다. 그러니 조상 중에 영의정에 오른 분이 계신다면 충분히 자랑스러워해도 되겠죠.

그런데 국정을 총괄하는 영의정은 죽은 뒤에도 오를 수 있다는 사실을 알고 있나요? 조선 시대에는 죽은 이후라도 살아 생전 공로가 많으면 영의정에 임명하기도 했어요. 이처럼 사후에 임명된 분들을 '증직 영의정' 또는 '추증 영의정'이라고 불러요. 우리에게 널리 알려진 증직 영의정으로는 임진왜란을 승리로 이끈 이순신, 권율, 김시민과 병자호란을 극복하는 데 큰 역할을 김상헌, 영조 때 암행어사로 활약한 박문수 등이 있습니다.

| 최장수 영의정, 황희

황희1363~1452는 89년을 사는 동안 고려에서 조선까지 7명의 국왕을 섬겼어요. 특히 조선이 자리를 잡고 발전할 수 있도록 국정을 잘 운영한 재상으로 널리 알려져 있습니다. 황희는 고려 우왕 2년 음서제[5]로 14살이라는 어린 나이에 관료가 되었어요. 그러나 고려 시대에는 사람들에게 인정받으며 높은 관직으로 나아가기 위해서는 반드시 과거 시험을 통과해야 했어요. 그래서 다시 학업에 매진한 결과 과거에 급제하여 27살에 성균관에서 근무하게 돼요. 이를 통해 요행에 안주하지 않고 실력으로 자신을 증명하고자 했던 황희의 신념과 의지가 매우 강했음을 짐작할 수 있지요. 그러니 조선을 건국한 태조도 새로운 세상을 만드는 데 크게 도와줄 황희가 얼마나 탐이 났을까요? 태조는 끊임없이 황희에게 나라를 경영하는 일에 동참해 달라고 부탁했고, 간신히 그를 조정으로 데려올 수 있었다고 해요. 이후 조정에 나간 황희는 태조가 사람 보는 눈이 탁월하다는 말이 나올 정도로 맡은 일을 120% 이상 완벽하게 수행해 냅니다.

제2차 왕자의 난[6]으로 즉위한 태종은 이성계를 도운 수많은 개국 공신을 죽이거나 내쫓는 과정에서도 늘 황희를 자신의 곁에 두었어요. 오죽하면 "내가 죽는 날 황희도 따라 죽었으면 좋겠다."라고 말을 남겼겠어요. 하지만 이 둘의 관계가 마냥 좋았던 것은 아니에요. 태종이 큰아들 양녕 대군을 세자에서 폐위하는 과정에서 황희가 강력하게 반대하자, 태종은 크게 화를 내며 황희를 평민으로 강등시킨 후 남원으로 유배 보내요.

태종이 황희를 얼마나 아끼는지 아는 많은 사람들은 조만간 황희가 다시 조정에 나갈 것으로 생각했어요. 그중 일부는 자신의 출세를 위해 남원으로 내려가 황희를 위로하며 눈도장을 찍고자 했지요. 이때마다 황희는 이들을 만나지 않고 돌려보냈어요. 이 소식을 들은 태종은 "역시. 내가 사람 보는 눈은 틀리지 않았어."라고 말하며 황희를 아끼는 마음을 감추지 않았다고 해요. 상왕으로 물러난 뒤에는 세종에게 황희를 다시 조정으로 불러들여 국정을 함께 논의하라고 조언합니다.

5) 공신이나 고위 관리의 자제가 시험 없이 관리로 선발되는 제도

6) 이방원이 박포의 부추김에 넘어간 형 이방간이 일으킨 반란을 진압하고 국왕으로 즉위한 사건으로 '박포의 난'이라고도 부른다.

▲ 황희 초상

출처: <황희 초상>, 국립중앙박물관

태종의 추천도 있었지만, 세종도 어린 시절부터 보아온 황희를 자신의 곁에 두고 싶어 했어요. 세자 수업 없이 국왕으로 즉위한 만큼 든든한 버팀목이 필요했던 거예요. 이후 세종은 국정을 운영하면서 나라에 어려운 일이 있을 때마다 황희를 찾았어요. 예를 들어 강원도에 흉년이 들어 백성들의 삶이 어려워지고 인심이 흉흉해지자, 황희를 강원도 관찰사로 보내 민심을 다독이고 문제를 해결해요. 이외에도 많고 어려운 국정 현안을 슬기롭게 해결하는 황희의 능력을 활용하기 위해 1426년 그를 우의정으로 발탁하여 자신의 곁에 둡니다. 이를 시작으로 1431년 영의정부사에 오른 황희는 18년 동안 세종을 도와 국정을 운영했어요. 덕분에 세종은 4군 6진[7]을 개척하고, 집현전을 중심으로 여러 문물을 정비하고 진흥할 수 있었죠. 세종 말년에는 궁중 안에 불당을 설치하는 것을 두고 반발하는 관료들과의 갈등을 황희가 잘 중재하면서 그는 어느 누구도 대체 불가한 신하로 자리매김합니다.

물론 황희가 모든 일에 완벽하지는 않았어요. 세종의 남다른 황희 총애를 두고 여러 구설수가 있었거든요. 실제로 황희는 자신 또는 가족과 관련된 일로 여러 번 문제를 일으켰고, 이

7) 세종이 여진족을 내쫓고 획득한 영토로, 이후 조선은 압록강과 두만강을 국경선으로 확정 짓게 된다.

때마다 세종이 용서해 주었어요. 예를 들어 우의정으로 있던 1426년, 사위 서달이 하급 관리인 아전을 때려죽인 일을 감추기 위해 담당 관리와 아전 가족에게 압력을 행사한 적이 있어요. 다행히 사건이 급하게 마무리된 것에 의심을 품은 세종이 재조사를 지시하면서 진실이 밝혀져 서달은 큰 몽둥이로 볼기를 맞는 장형 100대를 받게 돼요. 이뿐만이 아니라 황희의 청탁을 받아 사건을 무마하는 데 도와주었던 관리들도 연이어 자리에서 쫓겨납니다. 황희도 권력을 남용한 죄로 65세의 나이에 우의정에서 쫓겨나 감옥에 갇히는 신세가 되고 말죠. 그러나 얼마 후 세종은 황희에게 다시 자리로 돌아오라는 명령을 내려요. 많은 신하의 반대에도 불구하고 말이에요.

1430년에는 국가 소유의 말 1천 마리를 죽인 태석균의 잘못을 몰래 덮으려다가 관리의 잘못을 조사하는 사헌부의 탄핵을 받아 자리에서 물러나게 돼요. 그러나 이듬해 다시 영의정부사로 복귀하면서 주변 사람들의 입에 오르내렸어요. 하지만 당시에는 아무도 몰랐을 거예요. 나라를 위해 일하는 것으로 잘못을 되갚으라는 세종의 깊은 뜻을 말이에요. 이후 황희는 3년 동안 어머니의 장례를 치르기 위해 관직을 내려놓겠다고 요청했을 때도 세종의 명령으로 3개월 만에 돌아와야 했어요. 건강이 나빠져 더는 영의정부사로 활동하지 못하겠다고 거듭 말해도 세종은 허락하지 않았지요. 심지어 세종은 "경은 아직 90세도 안 되었으니, 약을 써서 치료하면 거뜬하게 일어날 수 있소."라며 어의를 보내 다시는 관직을 그만두겠다고 말하지 못하게 막았어요. 결국 황희는 87세가 되어서야 세종의 허락을 받고 74년간의 관직 생활을 마감할 수 있었답니다. 이런 점을 보면 세종은 인성보다는 능력을 더 중요하게 생각하며 국정을 운영했음을 확인할 수 있어요. 그런데 문득 황희의 입장에서 아주 오랫동안 영상의 자리에 있는 것이 좋았을지 나빴을지도 궁금해지네요.

생각거리

* 세종이 국가 운영에서 황희의 '능력'과 '인성' 중 어느 것을 더 중요하게 여겼는지를 분석하고, 국가를 이끄는 지도자가 갖추어야 할 가장 중요한 덕목은 무엇이며 왜 그것을 우선해야 하는지 말해 보세요.
* 황희 정승처럼 오랫동안 최고위직에 머무는 것이 개인에게는 좋았을지 나빴을지를 자유롭게 추론해 보세요.
* 세종의 인사 정책이 국가 발전(긍정적 측면)과 공직 사회의 기강(부정적 측면)에 미친 영향을 각각 비교한 뒤, 자신만의 결론을 내려보세요.

영의정에 오른 뒤 숙청된 심온

세종의 장인이자 유능한 관료였던 심온1375~1418은 영의정부사에 오른 죄로 처형당해요. 조선에서 최고 높은 재상이 되었고, 사위가 국왕인데 죽임을 당했다는 사실이 잘 이해가 되지 않죠? 이 상황을 이해하기 위해서는 세종이 왕이 되는 과정과 태종의 의중을 먼저 살펴봐야 해요.

이방원은 조선을 건국하는 데 큰 힘을 실어 주었지만, 태조 이성계에게 공로를 인정받지 못했어요. 오히려 상황은 나빠졌죠. 이방원은 정도전에 의해 정치에서 배제되고, 이성계의 아들이라는 이유로 공신이 되지 못해요. 여기에 새어머니인 신덕 왕후와 정도전에 의해 어린 이복동생 방석이 세자로 책봉되자, 이방원은 위기감을 크게 느껴요. 이때 정도전이 요동 정벌을 빌미로 사병을 없애려하자 이방원은 자신을 제거하려는 과정이라 판단하고는 형제들을 모아 제1차 왕자의 난을 일으켜 권력을 장악합니다. 이후에도 넷째 형인 이방간과 권력을 두고 싸워 이기면서 조선의 세 번째 국왕이 돼요.

국왕으로 즉위한 태종 이방원은 어느 누구에게도 위협받지 않는 강력한 왕권을 확립하고 싶었어요. 그래서 훗날 왕권을 위협할 수 있는 외척어머니쪽의 친척의 움직임을 사전에 차단하고자 했지요. 이를 위해 자신이 국왕으로 즉위하는 데 크게 도움을 주었던 처남 민무구 4형제를 제거합니다. 또한 장남 양녕 대군을 일찌감치 세자로 삼아 자신의 뒤를 이어 국정을 훌륭하게 운영할 수 있는 능력을 키우고자 했어요. 그러나 양녕 대군은 태종의 바람대로 자라지 않았답니다. 사냥과 여자에 빠져서 세자 수업을 소홀히 하는 모습만 보여 주었죠. 이대로는 어렵게 세운 조선이 무너질지도 모른다고 생각한 태종은 오랜 고심 끝에 양녕 대군을 세자의 지위에서 박탈하고 뛰어난 학문과 통찰력을 가진 충녕 대군세종을 세자로 책봉합니다. 그리고 두 달 후 국왕으로 즉위시켜요. 이토록 짧은 시간 내에 즉위시킨 것은 충녕 대군에게 세자 수업을 시킬 시간이 절대적으로 부족했기 때문이에요. 나폴레옹의 "전쟁은 책상에서 이기는 것이 아니라 전장에서 이긴다."라는 말처럼 세종이 국정 현안을 해결하는 과정에서 스스로 깨우쳐 성장하기를 바란 거죠. 동시에 어렵고 힘든 일들은 상왕이 된 태종이 처리함으로써 세종이 앞으로 나아가는 데 걸림돌을 제거하고자 했고요.

그 첫 번째 작업이 세종의 장인 심온을 죽이는 일이었어요. 심온은 11살의 어린 나이로 고려 말 문과에 급제하며 많은 사람의 기대를 받았고, 조선 건국 후에는 여러 관직을 거치면서 맡은 역할을 충분히 소화해 냈어요. 사람들은 능력 있는 심온을 두고 '인자하고 온순하면서도 관리들의 기강을 바로잡는 엄격함을 가지고 있다.'라며 칭찬을 아끼지 않았죠. 그러나 태종은 심온에 대한 긍정적인 평가가 마음에 들지 않았어요. 오히려 이런 명성을 얻은 심온이 외척으로서 세종이 하고자 하는 일에 방해를 줄까 걱정했지요.

그러던 중 심온이 영의정부사가 된 지 3일 만에 명나라에 사신으로 떠나자, 도성의 수많은 사람이 심온을 배웅하기 위해 모여들었어요. 얼마나 많은 사람이 모였는지 심온을 배웅하기 위해 모인 말과 수레가 도성을 뒤덮을 정도라는 소문이 돌았지요. 이 소식을 들은 태종은 심온의 의도가 어떻든 간에 출세를 위해 불나방처럼 몰려드는 사람들로 인해 세종이 나라를 경영하는 데 어려움을 겪을 수 있다는 판단을 내리게 돼요. 이러던 찰나 군사 업무를 담당하던 병조의 정육품 관리인 병조 좌랑 안헌오가 '심온의 동생 심정이 태종이 왕위에서 물러났음에도 군권을 놓지 않는 것을 비난했다.'라고 태종에게 보고합니다.

심온에게 권력이 몰리고 있다고 판단한 태종은 외척의 세력 확장을 미리 막기 위해 심온을 반드시 죽여야겠다고 마음먹어요. 이를 위해 우선 심온의 동생 심정이 역모를 꾸몄다며 잡아들여요. 가혹한 고문을 이기지 못한 심정은 형 심온이 '병권을 한곳에 모아야 한다.'라고 했다고 거짓 자백을 하죠. 비로소 심온을 역적으로 죽일 수 있는 명분을 얻은 태종은 심정을 비롯한 여러 관료를 처형하고, 명나라에서 돌아오는 심온을 의주에서 체포해요. 수원에 끌려가 하루에 세 차례나 고문을 당하던 심온은 태종이 무엇을 원하는지 알아챘어요. 세종을 위해 외척인 자신이 죽기를 바라고 있다는 것을 말이죠. 결국 딸과 가족을 살리기 위해 심온은 하지도 않은 역모죄를 인정하며 44살이라는 젊은 나이에 사약을 받고 죽게 됩니다. 만약 심온이 가장 높은 자리인 영의정부사에 오르지 않고, 관직에서 물러나 후학을 양성하며 조용히 지냈다면 역사는 어떻게 달라졌을까요?

| 영의정에 여덟 번 오른 최석정

숙종 시절 최석정1646~1715은 조선 시대에 가장 많이 영의정에 오른 인물이에요. 한 번도 어려운 영의정을 무려 여덟 번이나 했으니, 인품과 능력이 매우 뛰어났음을 어렵지 않게 알 수 있어요. 특히 숙종 때는 '환국'이라고 하여 서인과 남인이 정국 운영의 주도권을 두고 치열하게 경쟁하면서 많은 사람이 유배형을 받거나 심하게는 죽임을 당하던 시대였으니까요. 그러한 시절 최석정은 어떻게 여덟 번이나 영의정에 올랐고, 어떤 업적을 쌓았을까요?

최석정은 병자호란 때 국가와 백성을 지켜 내기 위해 주변 신하들의 비난에도 아랑곳하지 않고 항복을 선택한 최명길의 손자로 태어났어요. 명분보다는 실리를 중요하게 여기며 국가와 백성을 지켜 낸 최명길의 영향을 받아서일까요. 최석정도 관리가 되어 나랏일을 하면서 백성들의 실제 생활에 도움이 되

▲ 최석정 초상
출처: <최석정 초상 및 함>, 국가유산청

는 실리를 중요하게 여겼어요. 또한 가장 뛰어난 자질과 인품을 갖추어야 들어갈 수 있는 홍문관 관원으로 있을 때는 불의에 타협하지 않고 자기 생각을 소신 있게 국왕에게 밝히는 강단을 보여 주었답니다.

그렇다 보니 최석정을 싫어하고 미워하는 인물과 집단이 많았어요. 결국 최석정은 서인으로부터 공격받는 학자 윤증을 변호하다가 관직에서 쫓겨나고 말아요. 하지만 얼마 후 숙종은 최석정을 조정으로 불러들여요. 당파의 이익에 연연하지 않고 묵묵히 옳은 길을 가는 최석정을 높이 평가하며 자신의 곁에 두고 싶었던 거죠.

그렇지만 최석정은 다시 불러 준 숙종일지라도 잘못된 행동을 보이면 옳은 소리를 내는 것에 조금도 망설이지 않았어요. 최석정은 국정이 안정적으로 운영되는 것을 최우선으로 여겨 장희빈이 낳은 아들경종이 세자로 책봉될 수 있도록 힘을 쏟았어요. 하지만 장희빈의 오라버니인 장희재가 온갖 부정·비리를 저지르자 그를 사형시킬 것을 주장합니다. 이것만 봐도 최석정이 당리당략[8]이나 개인의 이익을 좇아 움직이지 않았음을 알 수 있지요. 『숙종실록』에서도 최석정을 '붕당 간의 갈등과 싸움을 해결하고, 당파를 가리지 않고 뛰어난 인재들을 등용했다.'

8) (黨利黨略) 자기 편의 이익만 생각하는 마음이나 행동

라고 평가하고 있어요.

최석정의 애민 정신과 능력도 살펴볼까요? 최석정이 살던 17세기는 소빙하기로 이상 기후에 따른 기근과 질병으로 세계적으로 많은 사람이 힘들게 살던 시기예요. 조선도 예외는 아니었죠. 1695년, 2년 연속 한여름에 눈과 서리가 내리는 등의 이상 기후로 100만 명이 넘는 사람들이 굶주림과 전염병으로 죽어갔어요. 1699년을 기록한 『승정원일기』에는 사람이 서로 잡아먹는다는 보고가 연일 올라온다고 적힐 정도로 심각한 상황이었죠. 만약 다른 나라로부터 식량을 들여오지 못한다면 국가가 존속하지 못할 정도로 위급했습니다. 이때 우의정이던 최석정은 청나라에 구휼미를 보내 달라고 간곡하게 요청해요. 당시 청나라 황제인 강희제가 논리정연한 최석정의 말을 듣고는 조선을 돕기 위해 쌀 5만 석을 보내 주면서, 비로소 조선은 식량 위기를 벗어날 수 있었어요. 하지만 반대 세력이었던 노론은 굶어 죽을지언정 오랑캐 쌀은 받지 말아야 한다며 멸망한 명나라에 대한 명분과 의리만을 내세우며 최석정을 탄핵했답니다. 결국 노론의 등쌀에 못 이긴 숙종은 최석정을 파직하고 말아요. 그러나 최석정은 조금도 자기 행동을 후회하지 않았고, 누구도 원망하지 않았답니다. 오롯이 백성이 살 수 있고 국가가 존재할 수 있다는 사실에 감사할 뿐이었죠. 이런 모습 덕분에 최석정은 여덟 번이나 영의정에 임명되었을 거예요.

그런데 최석정이 세계적으로 뛰어난 수학자라는 것을 아시나요? 마방진이란 가로 3, 세로 3의 정사각형 9칸에 정수 n×n의 행렬을 반복 없이 한 번씩만 써넣어 가로, 세로, 대각선 수의 합이 모두 같은 수가 나오도록 만드는 수학 게임이에요. 마방진의 정사각형 숫자가 늘어날수록 답을 찾기가 매우 어려워져요. 그래서 동서양을 통틀어 최초로 9차 마방진인 직교라틴방진을 발표한 스위스의 수학자 오일러를 최고의 수학자로 꼽습니다. 그런데 최석정이 저술한 수학서인 『구수략』에서 '구구모수변궁양도'가 발견되면서 무려 오일러보다 61년이나 앞서 9차 마방진을 해결했다는 사실이 밝혀졌어요. 최석정이 여덟 번의 영의정을 한 것도 대단하지만, 그는 수학자로 세계에 알려진 우리의 자랑스러운 위인이기도 합니다.

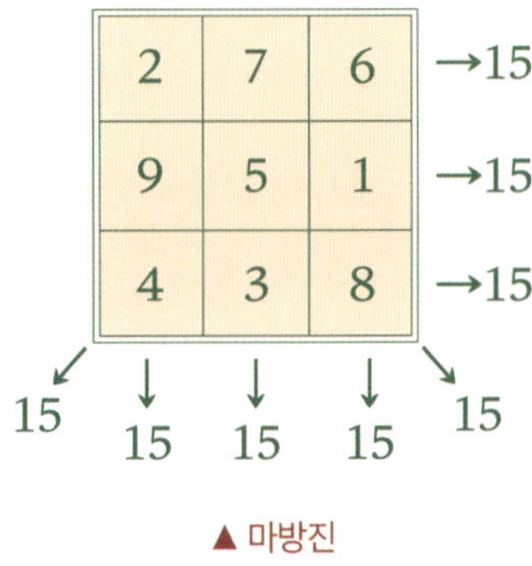

▲ 마방진

대동법 확대를 주장한 영의정 김육

임진왜란과 병자호란을 우리는 '양난'이라고 불러요. 이것은 전쟁의 규모가 커서 많은 사람이 고통에 시달려야 했다는 것을 의미하기도 합니다. 전쟁이 주는 가장 큰 피해는 토지가 황폐해져 가족을 먹여 살릴 경제적 수단이 사라지는 거예요. 이것은 국가를 운영하는 데 아주 큰 어려움을 줍니다. 들어오는 세금이 줄어들면서 국가는 경제 활동에 필요한 기반 시설을 만들지 못하고, 그로 인해 경제 활동이 어려워진 백성이 세금을 내지 못하는 악순환이 계속 반복되면서 양난 이후 조선 백성은 매우 비참한 삶을 살아야만 했어요.

물론 조선 정부가 아무 노력을 기울이지 않은 것은 아니에요. 정부는 풍년이나 흉년에 관계없이 토지세를 고정시킨 영정법, 군역을 대신해 내는 군포를 줄여 주는 균역법, 여러 공물을 재산 정도에 따라 차별적으로 쌀이나 돈으로 내게 한 대동법 등 여러 세금 관련 개혁을 시행하여 백성들의 어려움을 도와주고자 노력했어요. 하지만 영정법과 균역법은 백성의 세금을 줄여 주는 대신 부족해진 정부 수입을 보충하기 위해 여러 명목으로 백성에게 다시 세금을 거두면서 실질적인 도움을 주지 못했어요.

그러나 대동법은 달랐어요. 개인이 소유한 토지의 면적에 따라 지방 특산물이 아닌 화폐로 세금을 납부하는 대동법은 양난 이후 조선이 무너지지 않도록 경제 활동에 활력을 불어넣어 주었어요. 백성이 납부한 화폐로 정부가 필요한 물건을 구입하면서 상품 화폐 경제가 발달하고 경제가 활성화되었죠. 그러나 무엇보다 대동법이 갖는 가장 큰 의미는 부자는 세금을 더 내고, 가난한 사람은 세금을 적게 내면서 조세 형평성이 맞추어지는 데 있어요. 그 결과 정부는 더 많은 세수를 거두어 백성에게 도움이 되는 국가 경영을 할 수 있게 되었고, 가난한 백성은 세금이 줄어든 만큼 삶을 영위하는 데 여유가 생겼죠. 이처럼 대동법은 다 죽어가는 조선을 살린 경제 정책이지만, 전국으로 확대되어 뿌리내리기까지 많은 난관에 부딪히며 어려움을 겪었어요. 가장 큰 어려움은 많은 토지를 소유한 부유한 사람들의 반대였죠. 이들의 저항이 얼마나 컸는지 전국적으로 대동법이 시행되기까지 100년이나 걸렸답니다.

광해군 때인 1608년 영의정 이원익의 건의로 경기도에서만 시작된 대동법은 갑자기 등장한 새로운 제도가 아니었어요. 선조 때 이이가 공물을 쌀로 납부하자는 대공수미법을 주장한 이후 광해군 때에도 여러 관료들이 주장해 왔지요. 하지만, 앞서 이야기한 것처럼 기득권을 가진 사람들이 자기 이익을 지키기 위해 번번이 반대하면서 시행되지 못했던 거였어요. 그런 점에서 대동법이 전국적으로 정착되는 데는 효종 때 재상을 지냈던 김육1580~1658의 공이 가장 크다고 볼 수 있어요.

김육은 왜 적극적으로 대동법 시행을 추진했을까요? 그것은 그의 젊은 시절 경험에 기반해요. 김육은 성균관에 재학하던 중 김굉필·정여창·조광조·이언적·이황을 문묘에 종사해 달라고 요청한 일로 당시 국정을 장악한 북인의 미움을 받아 문과 응시 자격을 박탈당했어요. 그로 인해 과거에 응시할 수 없게 된 김육은 경기도 가평으로 내려가 10년 동안 농사를 짓고 숯을 구워 팔면서 어려운 생활을 해야만 했어요. 그럼에도 자신의 신세를 한탄하며 불평불만을 쏟아내기보다는 가난한 백성을 어떻게 도와줄 수 있을지 끊임없이 고민했답니다. 광해군을 몰아내고 인조를 즉위시킨 사건인 인조반정으로 북인이 몰락하면서 관직에 나가게 된 김육은 힘들어하는 백성과 함께 생활한 경험을 바탕으로 민생에 실질적으로 도움이 되는 정책을 연신 펼쳤어요. 특히 충청도 관찰사 재위 기간 대동법을 시행하여 백성의 어려운 삶을 달래면서도 국가 재정을 튼튼하게 만드는 데 일조하며 인조의 신임을 받아요. 하지만, 청나라에서 돌아온 소현 세자가 죽고 난 후 세자빈 강씨가 수라상에 독을 넣었다고 주장하는 인조의 편을 들어주지 않았다는 이유로 조정에서 내쳐지게 됩니다.

그러나 인조의 뒤를 이어 국왕이 되어 북벌[9]을 추진했던 효종은 생각이 달랐어요. 70이 넘은 나이지만 누구보다 조선을

9) 효종이 병자호란의 패배에 대한 치욕을 갚고, 명나라를 다시 일으켜 세우기 위해 추진한 계획

▲ 김육 초상

사랑하고 백성을 위해 일하려는 김육을 반드시 자기 곁에 두어야 한다고 생각했어요. 그래서 김육을 불러들일 명분을 만들기 위해 김육을 임시 예조 판서로 임명하여 인조의 장례를 맡겨요. 그러고는 곧바로 그를 우의정에 임명하면서 조언을 구하며 도와달라고 말해요.

김육도 이 기회를 빌어 조선의 부국강병을 이루고자 효종에게 제일 먼저 건의한 일이 대동법 확대였어요. "대동법에 관한 모든 것을 올렸으니, 전하께서 옳다고 여기시면 시행하고, 옳지 않다 여기시면 신을 죄주소서."라고 말이죠. 그러나 반대 세력의 저항도 만만치 않았어요. 예를 들어 이조 판서 김집은 관직에서 물러나 고향으로 내려가는 강수를 두며 대동법 시행을 강하게 반대했거든요. 이에 맞서 김육도 사직서를 제출하며 대동법 시행을 강력하게 추진해야 한다고 촉구했어요. 그로 인해 관료들이 둘로 나뉘어 극명하게 대립하며 국론이 분열되자, 효종은 대동법 시행을 주저하다가 결국 김집의 손을 들어주고 말아요. 아직까지는 대동법 시행을 반대하는 관료들이 조정에 더 많았거든요.

하지만 효종은 이 사건 이후 김육의 충정을 가슴 깊이 느꼈어요. 시간이 흘러 국정을 장악하게 된 효종은 김육에게 힘을 실어 주기 위해 좌의정을 거치지 않고 바로 영의정으로 그를 임명하는 파격적인 인사를 단행해요. 또한 김육의 손녀를 세자

빈으로 간택하며 왕실의 일원이 되었음을 관료들에게 보여 줍니다. 효종의 행동이 무엇을 의미하는지 너무도 잘 아는 김육은 즉시 대동법과 화폐 유통을 위한 정책을 제안하며 실행시켜요. 젊은 시절 세상을 바꾸고자 했던 원대한 포부를 펼친 것이죠. 무려 수십 년 동안 한순간도 변하지 않고 말이에요. 이후로도 70세가 넘은 영의정 김육은 백성에게 필요한 일이라 생각되면 때와 장소를 가리지 않고 효종에게 과감히 제안하는 열정을 보여 주었어요.

『조선왕조실록』에서는 김육을 이렇게 표현하고 있어요.

> 평소에 백성을 잘 다스리는 것을 자신의 임무로 여겼는데 정승이 되자 새로 시행한 것이 많았다. 양호[10]의 대동법은 그가 건의한 것이다. 다만 자신감이 너무 지나쳐서 처음 대동법을 의논할 때 김집과 의견이 맞지 않자, 불평을 품고 여러 번 상소하여 김집을 공격하니 사람들이 단점으로 여겼다. 그가 죽자, 임금이 탄식하기를 '어떻게 하면 김육과 같이 확고하고 흔들리지 않는 사람을 얻을 수 있겠는가?'라고 하였다.

10) (兩湖) 전라도와 충청도

II

실무를 담당했던
육조

육조에서는 조정에 참여하지 못하였는데

(중략)

이때에 이르러 의정부의 서무를

나누어서 육조에 귀속시켰다.

–『태종실록』

"고려와는 달리 육조의 순서가 이호예병형공으로 바뀌었다는 데 왜 그런 거야?"

"임금께서 조선을 건국하면서 성리학에 따라 국가를 운영하겠다고 발표했잖아. 그래서 『주례』에 따라 이호예병형공 순으로 순서를 정해 놓았다고 하네."

"그 이야기는 들었는데 『주례』라는 것이 도대체 무엇인가?"

"예끼. 이 사람아. 불교를 배척하고 성리학을 으뜸으로 생각하라고 발표난 게 언제인데, 아직도 『주례』를 모른단 말인가? 성리학에서 이상적인 사회로 생각하는 주나라 왕실의 관직 제도를 기록한 책 아닌가. 즉, 조선이 주나라를 모델로 삼아 조선을 운영하겠다는 거지."

"그래서 육조의 순서가 바뀐 것이구만."

육조는 정책을 집행하는 행정 관청이에요. 육조가 담당했던 일은 무엇이고, 오늘날 어떤 정부 조직과 가장 비슷할까요? 육조와 관련된 사건과 인물에 대하여 자세히 알아보죠.

육조의 기능과 변천

육조는 조선 초기 국왕과 의정부가 정책을 의논하여 결정한 일을 집행하는 행정 기관을 말해요. 육조의 시작은 고려 시대로 거슬러 올라가요. 고려 성종이 상서성[11]에 소속된 관청이자 중앙 행정 기관으로 육부를 설치하였는데, 이부·병부·호부·형부·예부·공부 순으로 서열이 정해져 있었어요. 육부는 상서성의 지휘를 받는 위치여서 독자적으로 정책을 결정하고 시행하지 못하게 되어 있었지만, 실질적으로는 직접 국왕에게 업무를 보고하고 지시받는 중앙 행정 기관이었어요. 그러나 무신 정권

11) 고려가 중국 당나라 3성 6부를 본떠 설치한 기구로 왕명을 받아 정책을 실제로 집행한 관청

기의 비정상적인 정국 운영으로 제 역할을 하지 못하다가, 원 간섭기에 축소되면서 기능과 권한이 약해지고 말아요.

이후 명칭이 여러 차례 바뀌다가 이성계가 위화도 회군으로 권력을 장악한 후 정도전과 조준 등 급진파 신진 사대부들이 육조라고 불러요. 이 시기 육조는 의정부의 지휘를 받아 운영되는 만큼 역할과 권한이 크지 않았어요. 하지만 태종이 국왕으로 즉위한 후에는 달라졌죠. 왕권을 강화하기 위해 의정부의 역할을 축소하는 대신 육조의 권한과 역할을 강화하며 힘을 실어 주었거든요. 그 결과 육조의 관청들이 광화문 옆에 좌우로 길게 들어서며 위용을 뽐내게 되었답니다.

세종은 육조의 서열을 유교 경전인 『주례』의 순서에 따라 이조·호조·예조·병조·형조·공조 순으로 정해요. 육조의 최고 책임자가 정책 결정 과정에 참여했으나, 의정부 서사제로 활동에 제한이 있었어요. 세조는 육조직계제로 국가를 경영하면서 육조의 권한과 위상이 높아져요. 하지만 어린 나이에 즉위한 성종이 국정을 이끌기 어려워지자, 재상들이 국왕을 대신하여 임시로 국가 운영을 하는 원상제를 시행하면서 육조와 역할과 권한은 다시 약화합니다.

조선 후기에 육조는 군대와 나랏일을 맡아보던 비변사의 지휘를 받았고, 정조 때는 규장각의 비중이 커지면서 육조가 제 기능을 발휘하지 못하기도 합니다. 그러나 조선 시대를 통틀어

보았을 때 육조는 정책을 결정하고 시행하는 중앙 행정 조직으로 빼놓고 이야기해서는 안 될 정도로 국가를 운영하는 데 있어 많은 업무를 담당하며 매우 중요한 위치를 차지합니다.

육조는 각 조마다 방대한 규모와 다양한 업무를 효율적으로 처리하기 위해 세부적인 업무를 나누어 처리하는 부서인 사司를 두었어요. 오늘날 '과課'나 '국局'과 같은 행정 단위와 비슷한 개념으로 생각하면 됩니다. 예를 들어 교육부의 '학생지원국'이라든가 '인공지능인재지원국 산하의 디지털교육기반과'처럼 말이죠. 반면 속아문屬衙門[12]은 특정 관아에 속해 있는 하급 또는 보조적 성격의 관청이라고 보시면 됩니다. 속屬이라는 한자가 '~에 속하다'라는 뜻을 가지고 있어요. 그렇기에 속아문이란 독립된 기관이 아니라 상급 기관의 통제와 지휘를 받으며 특수한 업무를 담당한 관청이에요. 즉, 사司는 육조 안에 있는 내부 부서라면, 속아문은 큰 관청에 딸린 외부의 보조 기관으로 형식적으로만 예속되어 운영되었다고 이해하면 돼요. 단, 병조의 속아문만 업무의 특수성으로 병조의 실질적인 지배를 받았답니다.

12) 육조처럼 중요 관청에 소속되어 하급 업무 또는 특정 분야의 업무를 담당하는 관청

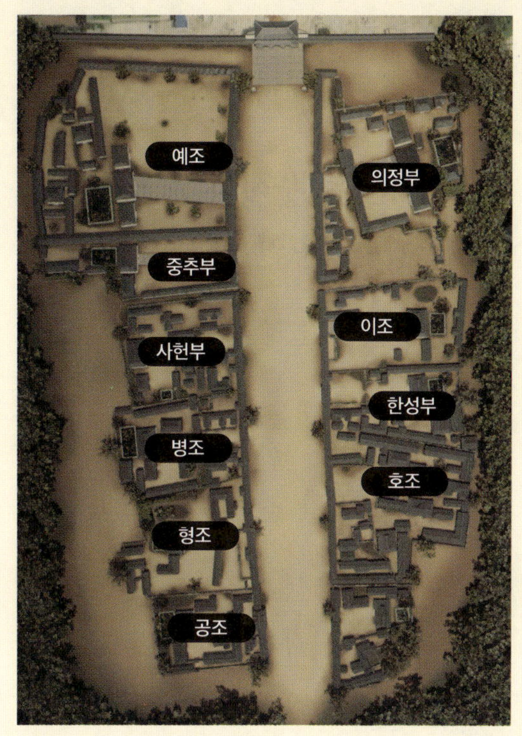

출처: <조선 시대의 육조 거리 가이드북>, 실감데이터 공동활용 플랫폼

| 육조 거리의 관청 배치 |

육조를 운영하는 관원

육조에서 일하는 관원들은 각 조의 업무를 총괄하는 판서부터 참판, 참의, 정랑과 좌랑까지 위계적으로 구성되어 있어요. 판서는 정2품으로 해당 부처의 모든 행정을 총괄하고 국왕을 보좌하는 일을 하는데, 오늘날 장관에 해당합니다. 판서를 보좌하는 참판은 종2품으로 오늘날 차관에 해당해요. 이들은 부처의 업무를 관리하고 감독했어요. 그 아래로는 판서와 참판을 도와 주요 정책을 논의하고 자문하는 정3품의 참의가 있어요. 여기까지가 당상관[13]이 임명되는 자리로, 이들에게는 근무

13) 정3품 이상의 품계를 가진 관리로 국가 중요 정책 결정 과정에 참여하고, 국왕에게 직접 의견을 제시할 수 있었다.

일수를 채워야 승진할 수 있는 순자법과 친족이 있는 관청이나 연고가 있는 지역에 임명하지 않는 상피제가 적용되지 않는 특권이 주어졌어요. 또한 관직에 물러난 뒤에도 '봉조하'라는 명예직 벼슬을 받아 녹봉급여을 지급받았답니다.

판서부터 참의까지가 관리자라고 한다면 실무는 정5품의 정랑과 정6품의 좌랑이 담당했어요. 이들을 '낭청'이라고도 부릅니다. 육조가 국가를 운영하는 데 있어 중요한 중앙 행정 기구였던 만큼 누구도 낭청을 하급 관리라고 무시하지 못했어요. 어떤 신진 관료보다 뛰어난 능력을 갖추고 있었으니까요. 더불어 중앙의 주요 직책을 맡아 실무를 담당한 경력은 여러모로 도움이 되어 낭청은 훗날 정승이나 판서에 오르는 경우가 많았죠. 특히 이조와 병조의 정랑과 좌랑은 일할 사람을 추천할 수 있는 권리를 행사하며 막강한 영향력을 가진 만큼 조선 중기 이후 많은 사람들이 탐내는 자리이기도 했답니다.

이조·호조·예조·병조·형조·공조의 이모저모

이조(吏曹)

사람을 쓰는 것은 국가의 안위가 달려 있는 것이다. 만약 현자賢者라면 위에서 뽑아 쓸 것이지만, 그렇지 않은 자는 다 이조에 맡기니 우수한 자를 택하여 임용하라.

–『중종실록』

이조의 기능과 변천

이조는 문관의 인사 행정을 총괄하는 가장 핵심적인 관청으로 크게 세 가지의 일을 담당했어요. 첫째, 과거 시험을 관리하고 인재를 추천하는 권한을 행사하는 동시에 문관의 임명, 승진, 강등, 해임 등 모든 인사 업무를 책임졌습니다. 둘째, 공을 세운 관료나 왕족에게 벼슬이나 지위를 내리고, 죽은 왕이나 재상에게 붙이는 이름인 시호를 정하는 일을 담당했어요. 셋째, 문관들의 근무 성적을 평가하고 근태를 관리하는 등의 업무를 맡았죠.

조선 시대는 무관보다는 문관을 우대하면서 주요 정책을 결정하는 일에 문관을 주로 참여시켰어요. 그만큼 문관의 인사 업무를 담당하는 이조는 막강한 영향력을 행사하며 육조에서 가장 으뜸으로 여겼죠. 그러나 시기마다 이조가 담당하는 역할과 비중이 달라졌어요. 조선 초기에는 국왕이 직접 인사를 결정하는 경우가 많아서 이조의 권한은 왕권에 종속되는 경우가 많았어요. 중기에는 이조 전랑정랑과 좌랑으로 인해 붕당 정치가 만들어지고 격화되었어요. 왜냐하면 3품 이하의 문관 중 중요한 요직에 오를 인물을 추천할 수 있는 권한 외에도 자신의 후임을 스스로 추천하는 권리인 자대권을 가진 전랑을 차지하기 위해 붕당 간에 치열한 경쟁이 벌어졌거든요. 후기에는 영조와 정조의 탕평책으로 이조 전랑의 권한이 약화되다가 결국 폐지되었어요. 특히 정조가 전랑의 자대권과 통청권[14]을 폐지하면서 이조를 둘러싼 정치적 다툼이 줄어드는 대신 국왕이 인사권

14) 각 부 4품 이하 당하관과 특히 삼사(사헌부·사간원·홍문관)의 관리를 추천하고 임명하는 권리

을 통제함으로써 왕권이 강해지는 모습을 보여요.

이조는 여러 이름으로 불렸어요. 조회 때 동쪽에 서 있는 문관을 '동반'이라고 불렀는데, 이조가 이들의 인사를 관리한다고 하여 '동전東銓'이라고도 불렸어요. 이때 전銓은 저울질한다는 뜻을 가진 한자로 문관의 인사권을 행사하는 이조의 성격을 잘 표현하고 있어요. 또 고대 중국 유교 경전인 『주례』에서 인사 및 행정을 총괄하는 부서를 '천관'이라 부르며 최고로 인정했던 것처럼 조선도 이조를 '천관'이라 불렀어요. 이외에도 무관의 인사를 담당하던 병조와 함께 '전조銓曹'라 불리기도 했어요.

이조는 정2품 판서 1명, 종2품 참판 1명, 정3품 참의 1명, 정5품 정랑 3명, 정6품 좌랑 3명으로 구성되어 있어요. 관청을 책임지는 판서와 그 밑의 참판은 위에서 말한 것처럼 실무를 담당하지는 않고, 참의가 이조의 업무를 실질적으로 처리했어요. 이조에 소속된 관원이 생각보다 너무 적어서 놀라셨나요? 하지만 세부적인 업무를 수행하는 문선사·고훈사·고공사가 존재했고, 이조에 속한 하급 관청인 속아문으로 충익부·상서원·종부시·내수사·내시부·액정서가 있어서 충분히 수많은 일을 문제없이 처리할 수 있었어요. 또한 자질구레한 일들을 담당하며 업무를 보좌하는 서리를 비롯한 하위직들이 이조에서 열심히 근무했답니다.

그럼 이조의 문선사, 고훈사, 고공사가 하는 일을 알아볼까요? 우선 문선사文選司는 종친과 문관에게 벼슬을 임명하고 녹봉 증서를 발급하는 일을 담당했어요. 또한 문과 시험 합격자인 생원과 진사에게 합격증을 배부하고, 하급 관리를 채용하는 시험인 취재를 주관했답니다. 고훈사考勳司는 왕실 종친이나 공신에게 작위와 시호를 내리고, 지방 관리에게 임명장을 발급하는 업무를 담당했어요. 작위를 받은 여인에게 증서를 발급하거나 제사를 담당할 관리를 선발하는 일도 했답니다. 마지막으로 고공사考功司는 문관의 근무 성적을 평가했어요. 관리가 얼마나 공을 세웠는지, 어떤 잘못을 저질렀는지 등을 꼼꼼하게 평가하는 일을 맡았습니다.

속아문으로 충익부忠翊府는 나라에 작은 공을 세운 원종공신의 명단을 관리하고 예우하는 업무를 담당했어요. 상서원尙瑞院은 국왕의 권위를 상징하는 도장인 옥새와 군권을 상징하는 깃발과 도끼 등을 관리했죠. 종부시宗簿寺는 왕실의 족보인 『선원보첩』을 편찬하고, 종친들의 잘못을 조사하여 규탄하며 왕실의 혼례 절차를 관장하는 일을 수행했어요. 내수사內需司는 왕실의 사유 재산으로 임금이 개인적으로 쓰던 돈인 내탕금과 왕족들이 머물던 곳에 쓰이는 경비를 위해 지급한 토지인 궁방전을 관리했어요. 내시부內侍府는 국왕 옆에서 일상생활에 필요한 모든 것을 보필하고, 왕명을 신하들에게 알리기도 했습니다. 마지막으로 액정서掖庭署는 궁궐 안에서 국왕의 문서와 서책 그리고 의례 용품을 관리했답니다.

〈이조〉

* **다른 이름** 동전, 천관
* **담당 업무** 문관의 인사, 포상, 평가 등에 관한 일
* **관원** 판서(정2품), 참판(종2품), 참의(정3품), 정랑 3명(정5품), 좌랑 3명(정6품)
* **하급 관청** 문선사, 고훈사, 고공사
* **속아문** 충익부, 상서원, 종부시, 내수사, 내시부, 액정서

이조와 비슷한 대한민국 정부 기관

조선(왕정 국가)	대한민국(공화국)
이조	국무총리실 산하 인사혁신처, 국가보훈부 예우정책국, 행정안전부 감사관, 공직자윤리위원회

이조의 기능을 담당하는 대한민국 산하 정부 기구는 무엇일까요? 의정부 때 말씀드렸던 것처럼 정확하게 업무가 맞아떨어지는 정부 기구는 없어요. 그래서 이조의 세 개 하급 관청이 담당한 업무를 현재 어떤 기구가 맡고 있는지로 비교해 보려고 합니다.

문선사 - 인사혁신처

문선사가 담당하던 벼슬 임명과 관리 채용은 오늘날 국무

총리실 산하의 인사혁신처에서 담당하고 있어요. 인사혁신처는 공무원 인사와 윤리·복무·연금 및 공무원 시험과 채용과 관련된 일을 해요. 구체적으로 보면 인사혁신처는 공무원의 충원 및 인력 개발에 관한 기본 정책을 세웁니다. 이를 바탕으로 7·9급 공무원을 공개 채용하는 계획을 세우고 합격자를 결정해요. 7·9급 공무원이 현장에서 시민을 상대하며 각종 실무를 담당한다는 점에서 조선 시대 하급 관리를 채용하는 취재와 매우 흡사하죠. 또한 공무원의 성과와 보수 제도를 평가·연구하며, 공무원의 근무 시간·휴가·취업 제한 등 복무와 윤리를 관리하고 감독해요. 이외에도 공무원 연금 제도 운영과 복리 후생 정책을 수립하며, 공무원의 사기를 높여 정부 경쟁력을 강화하죠. 이를 통해 국민에게 봉사하는 효율적인 공직 사회를 만들고자 노력합니다.

| 고훈사 - 국가보훈부 예우정책국

고훈사가 담당하던 종친과 공신에게 작위와 시호를 발급하는 일은 오늘날 국가보훈부의 예우정책국이 담당하는 일과 비슷하다고 말할 수 있어요. 국가보훈부는 국가 유공자와 보훈 가족의 명예롭고 안정적인 삶이 유지되도록 보상금 지급과 교육 및 취업 등 다방면으로 도와주는 일을 하고 있어요. 구체적으로 살펴보면 첫째, 독립 유공자·국가 유공자·5·18 민주 유공자·제대 군인 등을 등록하고 심사한 뒤 보훈 급여 지급과 교육 및 취업을 지원하는 등 각종 보상 및 지원 사업을 합니다. 둘째, 보훈 대상자에게 의료 서비스를 제공하고, 요양 및 복지 시설을 운영하는 등 삶의 질 향상을 위한 정책을 추진해요. 셋째, 제대 군인들의 사회 복귀를 돕기 위해 직업 훈련, 창업 지원 등 맞춤형 취업 지원 정책을 제공합니다. 그중에서도 국가보훈부 예우정책과는 국가 유공자의 명예를 높이고 위문하는 등 예우와 관련된 일을 계획하고 시행하는 일을 맡고 있어요. 조선 시대 고훈사가 하던 일과 매우 비슷하죠.

고공사 – 행정안전부 감사관, 공직자윤리위원회, 인사혁신처 윤리복무국

고공사가 담당하던 문관의 근무 실태와 잘잘못을 밝히는 일은 행정안전부의 감사관, 공직자윤리위원회, 인사혁신처의 윤리복무국이 담당하고 있어요. 행정안전부 장관의 직속으로 운영되는 감사관은 공무원들이 법에 어긋나는 일이 없도록 상시로 감찰하여 엄정한 공직 기강을 확립하는 일을 하고 있어요. 만약 공무원들이 법령을 위반하면 책임을 묻고 다시는 잘못을 하지 않도록 교정하는 일까지 하고 있답니다. 이런 활동은 행정의 투명성과 효율성을 높이기 위해서예요.

공직자윤리위원회는 공직자의 직무를 이용하여 사적 이익을 추구하지 못하도록 하여 투명하고 깨끗한 공직 사회를 구현하기 위해 설치된 기구입니다. 행정부, 국회, 대법원뿐만 아니라 헌법재판소와 중앙선거관리위원회 등 주요 국가 기관에 각각 설치되어 재산을 은닉했다고 의심되는 공직자를 조사하여 심의해요. 공직자가 퇴직했더라도 기존에 하던 업무와 관련된 기업에 불법으로 취업하지는 않았는지도 조사합니다. 만약 문제가 발견되면 경고, 과태료 부과, 해임 또는 징계 의결 요구 등의 조치를 취하죠.

인사혁신처의 하부 조직인 윤리복무국은 공직자 윤리를 확립하기 위해 고위 공직자의 재산 등록을 심사하여 공개하는 등 공직자 윤리가 바로 서도록 힘쓰는 동시에 공무원의 근무 시간과 휴가 등 복무규정을 어기거나 잘못된 행위에 대한 징계를 담당하기도 합니다. 이에 그치지 않고 공무원의 복무 제도에서 잘못된 점이 없는지 연구하여 개선하는 노력도 펼치고 있어요.

이처럼 조선 시대 이조의 세 개 부서인 문선사, 고훈사, 고공사가 하던 일을 대한민국 정부의 여러 기구가 담당하는 것은 오늘날의 정부 조직이 체계화되고 발전했다는 것을 의미한다고 볼 수 있어요. 특히 대한민국 정부는 고공사가 담당하던 공직자의 윤리 기강을 매우 중요하게 다뤄요. 조선 시대는 적은 녹봉으로 관료들의 부정을 어느 정도 눈감아 주는 것이 일부 허용되었지만, 오늘날에는 조금의 부정행위도 용납하지 않아요. 공직자가 국가와 시민을 위해 올바른 윤리관을 가지고 청렴하게 행동하는 것이 너무도 당연한 의무이기 때문이죠.

역사 속 이조와 주요 인물

태종 때 첫 번째 이조 판서 이직

조선 시대 첫 번째 이조 판서로 부임한 사람은 이직1362~1431이에요. 이직은 고려 말인 1377년 16살의 어린 나이로 문과에 급제할 정도로 뛰어난 인재였어요. 1392년에는 공양왕으로부터 왕위를 넘겨받은 이성계가 조선을 건국할 수 있도록 도와준 공로를 인정받아 개국 공신이 되었죠. 그러나 정도전과 뜻을 맞추어 조선이 자리를 잡기 위해 노력하는 과정에서 이방원과 사이가 멀어지게 됩니다. 그래서 제1차 왕자의 난 때 죽을 위기를 겪기도 해요.

제1차 왕자의 난을 일으킨 이방원이 군대를 일으켜 궁궐을 장악하고 있을 때, 이직은 조선의 개국 공신 남은의 첩 집에서 열린 연회에서 정도전과 술잔을 기울이며 국정 운영에 관한 일들을 논의하고 있었어요. 경복궁에서 큰 소동이 난 지도 모르고 말이죠. 그러니 이방원의 군대가 갑자기 들이닥쳤을 때 얼마나 놀랐겠어요. 그러나 이직은 당황하지 않고 기지를 발휘해요. 입고 있던 옷을 벗고 노비의 옷으로 갈아입어 노비처럼 위장한 후 지붕에 올라가서 불을 끄는 척 연기하다가 현장에서

▲ 이직 영정

출처: <이직 영정>, 한국민족문화대백과사전

도망쳐요. 하지만 권력을 장악한 이방원에 의해 언제 죽을지 몰라 전전긍긍해야만 했죠. 다행히 인재의 중요성을 아는 이방원은 정변이 성공했다는 판단이 내려지자 능력 있는 관료들을 다시 불러들였는데, 이때 이직도 죄를 사면받고 조정에 다시 나옵니다.

과거에 연연하지 않고 매번 자신을 믿어 주는 이방원에 충성하기로 맹세한 이직은 제2차 왕자의 난 때 큰 활약을 펼치며 다시 한번 공신으로 책봉돼요. 이후 육조가 완성되는 1405년에 이조를 총괄하는 판서에 임명됩니다. 태종이 왕권을 강화하기 위해 육조 직계제를 시행했다고 말한 거 기억하시나요? 자신의 손과 발이 되어 줄 육조 중에서도 문관의 인사권을 담당하는 이조의 수장으로 이직을 임명한 것은 태종 이방원이 얼마나 그를 아꼈는지를 잘 보여 주는 사례라고 할 수 있어요.

태종이 이직을 얼마나 신임하고 인정했는지를 보여 주는 사례를 하나 더 볼까요. 즉위한 지 13년이 되는 해에 우의정이던 조영무가 병으로 일을 할 수 없게 되자, 태종이 후임을 추천하라고 명령을 내려요. 이에 하륜과 이숙번이 조영무를 대신할 수 있는 사람은 오직 이직밖에 없다며 추천하자, 태종은 “이직에게 그 직임을 맡기는 것이 마땅하지만, 세자 때에 이르러 재상이 없으면 어쩌겠는가?”라며 반대해요. 이 말은 이직이 아니어도 자신은 국가를 경영할 자신이 있지만, 다음 국왕으로 즉위할 세자가 국정을 원활하게 운영하기 위해서는 반드시 이직이 있어야 한다는 말로 해석할 수 있겠죠.

이토록 태종의 신임을 받는 이직이지만, 관직 생활이 평탄하지만은 않았어요. 태종이 양녕 대군을 세자에서 폐위하고 충녕 대군을 세자로 책봉하려는 일에 강하게 반대했거든요. 앞서 말한 것처럼 다음 국왕을 위해 아낄 정도로 총애하던 이직이 자기 뜻에 반대한 것에 크게 화가 난 태종은 바로 이직을 성주로 유배 보내 버립니다. 그러나 얼마 뒤 상왕으로 물러난 태종은 이직을 다시 조정으로 불러 세종이 국정을 원활하게 운영할 수 있도록 도와주라고 말해요. 세종도 이직의 능력을 인정하고 영의정으로 임명하며 자신의 부족한 부분을 보완하도록 하죠. 도대체 이직은 얼마나 뛰어난 능력을 가졌기에 태종과 세종이 이토록 그를 아꼈던 걸까요?

┃ 세종이 어려워했던 이조 판서 허조

세종은 국가를 경영하는 데 있어 신하들과 백성들의 의견을 귀담아 들으려고 노력한 군주로 유명하죠. 신하들은 자기 의견을 밝혀도 아무런 불이익을 받지 않는 만큼 언제든 자유롭게 건의했어요. 이때마다 세종은 올라온 건의를 모두 접수하여 살핀 뒤 도움이 되는 것은 받아들이고, 이해되지 않는다면 다시 물어보며 어떻게 적용할 수 있을지를 고민했답니다. 반드시 추진해야 하는데 반대 의견이 나오면 몇 년이 걸리더라도 설득하고자 노력했지요. 그래서 세종 때 엄청나게 많은 문물이 만들어지면서 동시대 어느 나라보다도 발전된 모습을 보였어요. 하지만 이런 세종도 유독 자신과 생각하는 방향이 달라서 어려워했던 인물이 있어요. 바로 이조 판서 허조1369~1439랍니다.

태조 이성계를 도우며 조선이 건국하는 데 큰 공을 세운 허조는 제1, 2차 왕자의 난 등 목숨을 잃을 수 있는 상황에서도 옳은 일이라 생각하면 반드시 이야기해야 하는 강직한 인물이었어요. 그래서 사헌부 관원으로서 태종에게 강직한 발언을 이어가며 명령을 따르지 않는 태도를 보이다가 완산판관[15]으로 좌천되기도 해요.

그런데 여러분 그거 아세요? 훌륭한 지도자는 명령과 지시에 YES로만 대답하며 순응하는 사람을 곁에 두지 않는다는 것을요. YES만 하는 사람 대다수가 간신이 되어 나라를 망치고 백성을 힘들게 하는 일을 역사를 통해 알거든요. 대신 자기 의견에 NO라고 대답할 수 있는 사람을 곁에 두어서 국가에 보탬이 되는 다양한 의견을 듣는답니다. 누구보다 국정을 잘 이끌었던 훌륭한 지도자 태종도 NO를 말하는 사람을 옆에 많이 두고 다양한 의견을 들었어요. 그렇기에 완산판관으로 좌천시킨

15) 지금의 전주 지역에서 지방관을 보좌하는 종5품의 지방 행정 관직

허조를 오래 버려두지 않았어요. 태종은 다시 허조를 이조 정랑으로 임명하여 조정에 불러들인 다음 세자를 가르치는 중요한 일을 맡깁니다.

태종의 뒤를 이어 국왕이 된 세종도 곁에 허조를 두고 국가 운영에 많은 도움을 받았어요. 하나의 예로 이조 판서가 된 허조가 "재정을 담당하는 부서와 지방 수령은 특수한 기술이나 경험이 요구되는 자리입니다. 너무 잦은 인사 교체는 업무를 수행하는 데 어려움을 주어 국가와 백성에게 피해를 주니, 이곳의 관료들은 오랫동안 근무할 수 있도록 해 주시기를 바라옵니다."라며 특수 요직을 맡은 관료들의 잦은 인사이동을 막는 구임법을 제안해요. 능력 있는 인재가 다양한 관청에서 경험을 쌓는 것이 중요하다고 생각하던 세종이 자칫 놓칠 수 있는 부분을 허조가 지적한 것이었죠. 세종도 대단한 군주인 것이 허조의 의견을 기분 나빠하지 않고 구임법을 즉시 시행시켜요. 그로 인해 업무의 효율성이 높아지며 관료들은 더 많은 성과를 거둘 수 있었어요.

하지만 세종에게 허조는 매우 어려운 신하이기도 했답니다. 하루는 세종이 관아의 노비였던 장영실에게 정5품의 상의원 별좌라는 관직을 주고자 인사권을 총괄하는 이조 판서 허조를 불러 논의하는 자리를 만들었어요. 세종은 허조라면 장영실의 능력이 십분 발휘될 수 있게 관직을 주려는 자신의 마음을 이해하고 지지해 줄 것으로 생각했어요. 그런데 세종의 뜻과 달리 허조는 "기생의 소생을 상의원으로 임명할 수 없습니다."라며 NO를 외치는 거예요. 여러 차례 허조를 설득하고자 노력했지만, 아무 소용이 없었어요.

세종도 포기하지 않았어요. 자기가 구상하는 것을 현실에 존재하도록 만들어 주는 장영실의 능력과 재주가 꼭 필요했거든요. 하지만 이 상황이 너무나 답답했던 세종은 무관의 인사권을 담당하는 병조 판서를 불러 장영실에게 관직을 내리는 것이 불가능한지 다시 물어봐요. 이에 병조 판서는 허조와는 달리 과거의 사례를 제시하며 전혀 문제가 되지 않는다고 답변하죠. 이 말에 용기를 얻은 세종은 허조를 불러 다시 장영실에게 관직을 내려 주고 싶다는 의사를 보였지만, 여전히 허조는 찬성하지 않아요. 결국, 허조의 뜻을 꺾기 어렵다고 판단한 세종은 다른 대신들의 동의를 구한 뒤에야 어렵게 장영실을 상의원 별좌로 임명할 수 있었답니다. 신하의 뜻을 강제로 꺾지 않는 세종도 대단하지만, 끝까지 자기 뜻을 굽히지 않는 허조도 참 대단하지 않나요?

허조는 왜 이토록 세종의 뜻에 반대했을까요? 그것은 위계질서를 중요하게 여기는 성리학을 뿌리내리게 하려면 신분제만큼은 절대 흔들리면 안 된다고 생각했기 때문이에요. 신분제가 사라지고 모든 사람의 인권이 존중받아야 하는 오늘날에는 허조의 주장을 이해하기 어렵지만, 지금과 다른 가치관으로 살아가던 조선 시대라는 점을 감안하면 허조의 생각이 잘못되었다고만 보기도 어려워요. 허조가 NO라고 외친 또 다른 이유는 국왕이 독단적으로 인사권을 행사하는 것이 옳지 않다고 여겼기 때문이에요.

하나의 사례를 더 살펴볼까요. 허조는 지방 수령의 권한을 강화하는 '부민 고소 금지법'을 건의해요. 부민 고소 금지법이란 백성이 살인 등 강력 범죄가 아닌 경미한 일로 자신이 속한 수령을 고소하거나 소송하는 것을 금지하는 법이에요. 조선 초기까지 중앙 정부가 지방을 완전하게 통제하지 못했던 만큼, 수령의 권한을 높여 주자는 허조의 제안은 큰 저항 없이 정책에 반영되어서 부민 고소 금지법이 전국에 시행됩니다. 그런데 얼마 뒤 부민 고소 금지법으로 인해 수령의 비리가 늘어나고, 고을 사람들의 억울함이 해소되지 않는 부작용이 나타나기 시작했어요. 그래서 세종은 관찰사가 수령을 감독하도록 하는 한편, 백성들이 고소와 소송으로 억울함을 해결할 수 있도록 부민 고소 금지법을 수정해요.

이 소식을 들은 허조는 즉시 세종을 찾아와 "백성의 억울함을 호소하는 소장을 접수한 뒤 관리의 오판을 처단하는 것이 사회적 지위나 신분의 귀하고 천함의 구분을 없앨까 두렵습니다. 바라온컨대 소신이 건의한 것을 따르게 하소서."라고 호소했어요. 세종은 허조가 무엇을 말하고 싶은지 너무도 잘 알았지만, 백성이 억울함도 말하지 못하게 막는 것은 옳은 일이 아니라며 허조를 돌려보내요. 그리고 옆에 있던 신하에게 "허조는 너무 고집불통이야."라고 조용히 하소연했다고 해요. 국왕이 신하의 눈치를 보는 것이 참 재미있지 않나요.

세종은 부민 고소 금지법을 변경하지 말아 달라고 요청하는 허조를 돌려보냈지만, 무시한 것도 아니었어요. 허조의 뜻을 일부 받아들여 백성들이 억울함을 고발하는 소장을 그대로 처리하되, 소장 때문에 관리를 처벌하는 일이 없도록 하라는 지시를 내리거든요. 이런 점을 보면 세종과 허조는 서로의 의견을 공유하며 백성과 나라를 위해 보다 나은 정책을 만들어 갔다고 할 수 있겠죠. 세종이 성군이라 불릴 수 있는 것은 허조처럼 자기와 생각이 다르더라도 자유롭게 NO를 말할 수 있는 사람을 곁에 두었기 때문이 아닐까요?

생각거리

* 세종의 태도에서 배울 수 있는 '좋은 리더의 조건'은 무엇이라고 생각하나요? 우리 주변(학교, 가정, 사회)에서 이런 리더십을 발휘하는 사람의 예를 들어 보세요.
* 허조처럼 '아니요'라고 말하는 것이 왜 어려운 일일까요? 또 어떤 상황에서 'NO'라고 말해야 하는 용기가 필요하다고 생각하나요? 자신의 경험이나 주변 사례를 들어 설명해 보세요.
* 나와 생각이 다른 사람과 협력해야 할 때, 어떤 자세와 태도가 필요하다고 생각하나요? 세종과 허조의 사례를 바탕으로 구체적으로 제시해 보세요.

❙ 동인과 서인으로 나뉘게 한 이조 전랑

이조의 업무는 정랑과 좌랑이 중심이 되어 처리했어요. 특히 이들이 삼사의 관리를 임명하고 자신의 후임을 추천할 수 있는 권한을 가지고 있어서 '인사권을 쥔 낭관낮은 품계의 관리'이라는 뜻으로 '전랑銓郞'이라고 부르기도 했어요. 이들의 품계는 낮았지만, 재상들의 권력을 견제할 수 있는 힘을 가진 매우 중요한 자리였죠. 그만큼 이조 전랑은 아무나 임명되는 자리가 아니었어요. 실력 있고 인품이 훌륭해야만 가능했어요. 그러나 조선 중기 이후 붕당 정치가 심화되면서 이조 전랑은 각 붕당이 정권을 장악하기 위한 핵심 자리로 바뀌어요. 어떤 붕당이 이조 전랑을 차지하느냐에 따라 권력의 향방이 바뀌는 만큼 치열하게 자기 사람을 앉히고자 싸우게 되었죠.

그럼 이조 전랑을 두고 각 붕당이 치열하게 싸우게 된 시작점인 심의겸과 김효원의 갈등을 살펴볼까요. 명종의 왕비 인순 왕후의 동생인 심의겸1535~1587은 기존의 외척들이 부정부패로 백성을 괴롭히며 사리사욕을 채우던 것과는 달리 올곧은 행동으로 주변 사람에게 칭송받았어요. 대표적인 사례를 들어 볼게요. 명종이 외척으로 권력을 휘두르던 외삼촌 윤원형을 견제하기 위해 심의겸의 외삼촌인 이량을 등용하여 자기 곁에 두었어요. 그런데 이량이 명종의 의도와는 달리 부정비리를 저질러 사회적 물의를 일으켜요. 하지만 이량에게 해코지당할까 두려워 어느 누구도 바른 소리를 내지 못했죠. 이때 심의겸이 잘못을 저지르면 누구라도 죗값을 치러야 한다면서 이량의 유배형을 강력하게 주장해요. 가족의 허물을 고발하는 것이 쉬운 일은 아니잖아요. 이 일로 심의겸은 사림파로부터 깊은 존경을 받게 돼요.

그런 심의겸은 자신보다 7살 어린 김효원이 이조 전랑이 되어서는 안 된다며 강하게 반발했어요. 김효원이 과거 윤원형의 사위인 이조민의 집에 머물면서 아첨하던 소인배라는 것이 가장 큰 이유였지요. 그 결과 김효원은 이조 전랑에 오르지 못하게 됩니다. 그러나 김효원도 훈구파의 잘못을 비판하며 새로운 세상을 만들자고 주장해 젊은 사림들의 존경을 받던 인물이기 때문에, 2년 뒤 다시 추천받아 결국 이조 전랑에 부임할 수 있게 돼요. 그렇지만 자신을 반대한 심의겸에 대한 서운한 감정이 가슴 깊이 새겨져 버렸죠.

시간이 흘러 이듬해 심의겸의 동생이던 심충겸이 이조 전랑에 추천 받아요. 당연히 김효원은 자신을 소인배로 몰며 이조 전랑직에 앉지 못하게 했던 심의겸이 떠올랐겠죠. 또한 외척이던 윤원형이 권력을 장악하여 나라를 위태롭게 만들었던 것을 상기하며 이조 전랑 자리에 외척이 앉는 것이 옳지 않다고 강력하게 주장합니다. 이후 심의겸과 김효원은 서로를 미워하며 여러 차례 충돌을 일으켰어요. 이에 사림은 둘로 나뉘어 심의겸과 김효원을 각각 옹호했죠.

율곡 이이는 훈구파의 부정과 비리로 피폐해진 조선을 바로 잡아 백성을 돌봐야 할 시국에 사림파가 나뉘어지는 것을 옳게 보지 않았어요. 그래서 선조를 찾아가 심의겸과 김효원을 모두 지방에 있는 관직으로 내보내자고 건의해요. 그러나 심의겸과 김효원이 지방으로 이동한 후에도 중앙에 남아 있는 사림들의 갈등은 멈추지 않았어요. 오히려 갈등이 더 깊어져서 결국 사림파는 둘로 나누어지죠. 이때 경복궁 서쪽 정동에 살던 심의겸을 지지한 사림을 '서인'이라 불렀고, 경복궁 동쪽 건천동에 살던 김효원을 지지하던 사림을 '동인'이라 부르게 되었어요.

정말 심의겸과 김효원의 갈등만으로 사림이 갈라졌을까요. 도덕과 명분 그리고 정의를 강조하며 훈구파의 압력에도 목숨 걸고 싸우던 사림파가 개인의 이해관계로 갈라졌다는 사실은 쉽게 이해되지 않죠. 그럼 사림이 진짜로 나누어진 이유는 무엇일까요? '아직 조정에 남아 있는 훈구파를 먼저 제거하느냐? 아니면 피폐해져 하루하루를 어렵게 살아가는 백성을 먼저 보살피느냐?' 이 둘 중 어디에 우선순위를 두고 행동해야 하는지로 사림이 갈라졌다고 보는 것이 옳아요. 이해를 돕기 위해 비슷한 사례를 들어보죠. 광복 이후 친일파를 단죄하는 것과 일제의 수탈로 피폐해진 경제를 일으키는 것 중 무엇을 우선순위로 두어야 할까요. 여러분이라면 어떤 선택을 하시겠어요? 아

▲ 이덕형 초상

출처: <이덕형 초상>, 한국민족문화대백과사전

마 모두가 똑같은 판단을 내리지는 않겠죠. 이것이 사림이 갈라지게 된 가장 큰 이유입니다.

┃선조 때 아홉 번 이조 판서를 거절한 이덕형

오성과 한음 이야기를 들어보셨나요? 굉장히 많은 이야기가 오늘날까지 전해 오는데, 그중 하나를 소개해 드릴게요. 오성이 우연히 만난 도깨비로부터 정승이 될 거라는 예언을 들었다며 한음을 찾아가서는 자신이 만난 변소화장실에 사는 불알을 당기는 도깨비에게 미래를 물어보라고 이야기해요. 오성의 이야기에 자신의 미래가 너무도 궁금해진 한음은 남들 모르게 부리나케 변소로 달려가 쪼그려 앉은 뒤 도깨비가 나타나기를 기다렸죠. 이때 오성이 몰래 다가가 노끈으로 한음의 불알을 묶고 잡아당겼어요. 한음은 너무 아팠지만 미래를 알고 싶은 마음에 이를 악물며 고통을 참다가, 결국 비명을 지르고 말아요. 그제야 오성은 도깨비처럼 목소리를 깔고는 한음이 정승까지 하겠다고 말하며 장난을 쳐요. 나중에 오성의 장난이라는 것을 알게 된 한음은 화를 내기보다는 친구의 골탕에 당했다며 웃어넘겨요. 이처럼 짓궂은 장난에도 웃으며 넘길 수 있는 넓은 인품을 지닌 한음이 바로 이덕형1561~1613이에요.

이덕형은 임진왜란으로 힘들어하는 백성을 위해 자신을 희생한 재상으로도 유명해요. 어려서부터 총명한 머리와 슬기로

운 행동을 보이기로 유명했던 이덕형은 『토정비결』을 지은 삼촌 이지함의 소개로 영의정 이산해의 사위가 돼요. 19살의 나이로 오성 이항복과 함께 과거에 급제하며 관직에 나가지만, 장인 이산해의 뒷배경으로 승진한다는 말이 나오지 않도록 항상 겸손한 자세로 모든 일에 조심스럽게 행동했죠. 그럼에도 이덕형의 출중한 능력은 감춰지지 않아서 31살의 나이로 홍문관과 예문관의 최고 벼슬인 대제학에 추천받아요. 모두들 이덕형이라면 권점[16]을 무사히 통과하리라 여겼지만, 한 점이 부족하여 떨어지고 말아요. 많은 관료가 누가 반대했는지 궁금해하고 있을 때 좌의정까지 올랐던 김귀영1520~1593이 "젊은 나이에 지위가 너무 빠르니 덕이 익기를 기다리는 것이 어떻겠는가?"라며 자신이 반대표를 던졌다고 말해요. 보통 사람이라면 화를 내거나 서운한 표정이 드러날 만도 한데 오히려 이덕형은 매우 기뻐하며 깊은 가르침을 줘서 고맙다는 감사의 인사를 올려요.

이덕형이 이조 정랑으로 있을 때 일본에서 온 현소와 평의지 등 사신단을 접대하는 일을 맡았을 때는 그들에게 일본에 붙잡혀 간 조선인을 돌려달라고 요구해요. 당시 기록을 보면 "이웃 나라와의 수교는 신의를 버리고는 할 수 없다. 지난날 네 나라

16) 홍문관 등 주요 관직을 임명할 때 여러 관료들이 한 자리에 모여서 후보자의 이름 위에 둥근 점(•)을 찍은 뒤, 가장 많은 수를 받은 사람이 임명되도록 운영하던 제도

가 변방을 침범하여 우리 백성을 사로잡아 갔는데도 너의 나라에서는 금할 줄을 모르니 신의라는 게 있는가?"라고 이덕형이 강하게 말하자, 일본 사신단이 즉시 100여 명의 조선인을 고향으로 돌려보냈다고 해요. 선조는 이 모습을 보고는 매우 대견하다며 정3품 벼슬인 직제학에 임명하고 은대[17]를 하사합니다.

임진왜란이 발발했을 때는 선조가 이덕형을 명나라로 보내 지원군을 요청해요. 무슨 일이 있어도 지원군을 데려와야 하는 만큼 뛰어난 외교적 수완과 담력을 가진 이덕형을 대체할 만한 인물이 없었거든요. 하지만 안타깝게도 명나라를 다녀온 이덕형은 선조가 원하는 답변을 가져오지 못했어요. 당시 명나라 황제와 관료들은 조선이 일본과 손을 잡고 자국을 공격하려는 것이 아닌가 의심하고 있는 상황이라, 이덕형 개인의 역량으로도 성공할 수 없는 일이었거든요. 그래서 이덕형은 선조에게 "조선이 일본에 맞서 싸우는 모습을 보인 뒤에야 명나라도 도와줄 것입니다."라며 조선의 모든 역량을 동원하여 일본군에 맞서 싸우자고 요청합니다.

하지만 선조는 명나라 군대가 오지 않는다는 말에 명나라로 망명할 준비를 해요. 왕의 무책임한 행동에 이덕형은 목숨

17) 종6품에서 정3품까지의 문무관이 착용하던 허리띠로 가장자리에 은으로 새긴 장식이 붙어 있다.

을 걸고 "조선에 하나의 고을도 남지 않도록 일본군에 맞서 싸운 뒤에야 명나라도 도와줄 것입니다."라고 강력하게 말해요. 즉, 한 나라의 지도자라면 백성과 국가를 버리고 도망치기보다는 끝까지 맞서 싸워야 한다는 아주 당연한 이치를 설명한 것이죠. 이덕형의 말처럼 이순신이 이끄는 조선의 수군이 일본군에 맞서 연전연승하고, 전국 각지에서 의병이 나타나 일본군에 맞서 승리하자 비로소 명나라는 조선에 지원군을 보내줍니다.

이처럼 말뿐만 아니라 직접 발로 전장을 뛰어다니며 일본군을 몰아내는 데 힘쓰던 이덕형은 모친상을 당하자, 선조에게 삼년상을 치르기 위해 잠시 관직에서 물러나겠다는 의사를 밝혀요. 당시에는 부모님을 위해 효를 행하는 것이 나라에 충성하는 일만큼이나 중요한 일이었거든요. 그러나 선조는 이덕형을 놔주지 않았어요. 전장에서 없어서는 안 되는 인물이었으니까요. 이때부터 이덕형과 선조는 이조 판서직을 내리고 거부하는 일을 계속 반복해요. 선조가 "이처럼 나라의 운명이 위급할 때에는 인물을 발탁하고 적재적소에 임명하는 일에 국가의 성패가 달려 있는 것이다. 고작 개인의 사정만을 고집하고 임금과 나라의 위급함은 돌아보지 않으니, 어찌 이렇게까지 할 수가 있는가. 경은 급히 올라오라."라며 이조 판서직을 아홉 번이나 내려요. 결국 계속 사직서를 내며 버티던 이덕형은 선조의 백성과 나라를 생각해 달라는 말에 삼년상을 포기하고 조정에 나와 일을 합니다. 이후 자신을 필요로 하는 곳이라면 어디든 달려가 동분서주하며 일본군을 내쫓는 데 온 힘을 쏟아부어요.

▎병자호란 때 항복을 청한 이조 판서 최명길

명분과 대의만을 내세우며 현실의 고충을 제대로 파악하지 못하던 인조와 관료들 사이에서 백성과 나라를 구하고자 애썼으나 수많은 비난을 받았던 인물이 있어요. 바로 이조 판서 최명길1586~1647이에요. 광해군을 내쫓는 인조반정[18]이 성공한 다음 날 최명길은 인사를 담당하는 요직인 이조 좌랑에 임명될 정도로 인조와 반정 세력으로부터 신뢰를 받았죠. 이후에도 빠르게 승진했는데 이것이 가능했던 이유는 인조반정으로 혼란해진 사회를 바로잡는 데 있어 최명길만큼 실무적인 감각과 능력을 가진 사람이 없었기 때문이에요.

최명길은 임진왜란이 남긴 피해와 광해군이 무리하게 추진한 토목 공사로 피폐해진 백성을 돕고 싶었으나, 상황이 녹록하지 않았어요. 인조반정으로 권력을 장악한 대부분의 서인 출신 관료들이 국내 여러 현안보다는 쓰러져 가는 명나라를 돕기 위해 여진족이 세운 후금을 혼내 주어야 한다고 생각했거든요. 조선에게는 그럴만한 힘도 없는데 말이죠.

18) 광해군 때 정치 권력을 잃었던 서인들이 광해군을 몰아내고 인조를 왕으로 세운 정변

이런 조선의 움직임은 명나라를 정복하려는 후금을 자극했어요. 광해군 때 명과 후금 사이에서 중립을 지키던 것과 달리 노골적으로 명나라 편에 서는 조선을 경계할 수밖에 없게 된 거죠. 더 나아가 후금은 명나라를 정복하기 전 반드시 조선의 항복을 받아야 한다고 생각했어요. 마침내 1627년 아민을 총대장으로 삼은 3만의 후금군이 조선을 쳐들어와요. 이를 '정묘호란'이라고 부른답니다. 후금의 군대가 빠른 속도로 내려오자 당황한 인조는 급히 강화도로 거처를 옮기고는 장기전으로 전쟁을 끌어가고자 했어요. 이때 최명길은 인조에게 국가의 피해를 최소화하는 것이 더 중요하다며 다툼 없이 잘 지내는 방법인 화친을 주장합니다. 다행히 건의가 받아들여지면서 후금을 형제국으로 인정하는 동시에 명나라와 우호적인 관계도 유지한다는 내용으로 정묘약조를 체결합니다. 이것을 정묘년에 평화 조약을 맺었다는 의미로 '정묘화약'이라고 불러요. 조선의 입장에서 손해보는 것이 하나 없는 훌륭한 외교였지만, 최명길은 후금과 관계를 좋게 유지하자고 주장했다는 이유로 탄핵받게 됩니다. 나라를 위해 한 일이 잘못이라는 비판을 이해할 수 없지만, 자신으로 인해 전쟁으로 입은 피해를 수습하는 일이 늦어질까 걱정된 최명길은 스스로 관직에서 물러나요.

다행히도 인조는 최명길을 다시 조정으로 불러 이조 판서로 임명해요. 최명길은 조정에 나오는 날부터 후금이 다시 침략할

지도 모른다며 국방을 튼튼히 하는 동시에 후금을 자극하는 일을 줄이자고 주장해요. 그러나 인조와 서인 출신의 관료들은 후금에게 당한 치욕을 되갚아야 한다며 현실과 동떨어지는 주장을 펼칠 뿐이었죠. 결국 이런 움직임이 후금을 자극하면서 청으로 국호를 바꾼 태종이 1636년 12만 명의 대군을 이끌고 다시 조선을 침략해요. 이때도 인조는 강화도로 피신하려 했으나, 청군은 이미 눈치를 채고 강화도로 가는 길목을 모두 차단해버리죠.

북쪽에서 대규모의 청군이 내려오는 가운데 강화도로 가는 길목이 막혀 이러지도 저러지도 못하고 우왕좌왕하는 인조를 최명길이 또다시 구해 냅니다. 청군을 찾아가 술과 고기를 대접하면서 인조가 남한산성으로 피신할 시간을 벌어 주었거든요. 이것은 아무나 할 수 있는 일이 아니에요. 자신의 목숨을 내놔야지만 가능한 일이었죠. 이처럼 목숨을 걸고 시간을 벌어 준 최명길 덕분에 남한산성으로 피신한 인조는 지방에서 원군이 오기를 손꼽아 기다렸지만, 어디서도 희망적인 소식이 전해지지 않았어요. 오히려 남한산성에 주둔하고 있는 1만 3천여 명의 조선 병력이 먹을 식량이 없어 굶주린다는 안 좋은 소식만 들려올 뿐이었죠.

이 와중에 이조 판서에 임명된 최명길은 청나라와 강화講和를 맺고 후일을 도모하자고 주장했어요. 정묘화약을 추진한 일로 탄핵받았던 상처가 아직 고스란히 남아 있지만, 전쟁을 먼저 끝내는 것이 우선이었던 거죠. 그러나 예조 판서 김상헌은 청나라와의 강화는 항복과 같으니 어떠한 일이 있어도 끝까지 맞서 싸워야 한다며 강하게 반발했어요. 하지만 남한산성에 갇힌 지 한 달이 넘도록 나라를 구하겠다고 올라오는 군대가 없자, 인조는 이조 판서 최명길의 주장을 받아들여 항복 문서를 작성하라고 명령해요. 하지만 어느 누구도 역사에 기록되어 두고두고 비난받을 일을 하려 하지 않자, 최명길이 묵묵히 앞으로 나가 항복 문서를 작성해요. 이때 김상헌이 찾아와 항복 문서를 찢어버리며 대성통곡하자, 최명길은 찢어진 조각을 주워 맞추면서 "조정에는 이 문서를 찢는 사람이 반드시 있어야 하고, 나 같은 자 또한 있어야 합니다."라고 말합니다. 이 말에 많은 사람이 항복이라는 치욕에 울고, 스스로 오욕을 뒤집어쓰려는 최명길의 마음에 울었어요. 그 자리에 있던 사람 중에서 최명길이 가장 힘들지 않았을까요. 아마도 항복 문서를 작성하는 일이 죽는 일보다 더 힘들었을 겁니다.

병자호란이 끝나고 영의정에 부임한 최명길은 서둘러 병자호란 당시 청나라에 항복할 수밖에 없는 이유를 명나라에 전달했어요. 그러나 이 일이 청나라에 알려지면서 그는 중국 선양으로 끌려가 감옥에 갇히게 됩니다. 이때 감옥에서 전 예조 판서 김상헌을 만나 화해하게 돼요. 서로가 방법이 달랐을 뿐 나라를 생각하고 위하는 마음이 다르지 않다는 것을 확인했지요.

호조(戶曹)

예전부터 내려오는 폐단을 덜게 하고, 백성의 생계를 넉넉하게 할 것이며, 그 풍재·상재·수재·한재로 인하여 농사를 완전히 그르친 사람에게는 조세를 전부 면제하게 하소서.

–『세종실록』

◈ 호조의 기능과 변천

호조는 인구와 토지 조사, 세금, 화폐, 재정 관리 등 재물에 관한 일을 담당하는 관청입니다. 조금 자세히 살펴보면 첫째, 국가 재정의 기반이 되는 세금을 거둘 수 있도록 토지와 인구를 조사하고 관리하여 세금을 매겨요. 둘째, 토지에 부과하는 세금인 전세田稅, 특산물을 왕에게 바치게 하는 공납貢納, 백성들의 노동력인 역役 등 모든 종류의 조세 제도를 관리하고 세금을 걷습니다. 셋째, 상평통보와 같이 화폐를 만들고 쓰게 하는 업무를 총괄했어요. 넷째, 세금을 보관하고 관리의 녹봉이나 국가 사업에 필요한 예산을 집행하는 등 국가의 재정을 관리하죠. 이처럼 나라의 살림을 책임지는 관청인 만큼 육조에서 이조 다음의 위치를 차지할 정도로 중요했어요.

호조는 고려 성종 때 설치된 호부에서 시작됩니다. 조선의 호조와 크게 다를 것 없는 역할을 수행하던 호부는 원 간섭기 판도사로 위상이 떨어집니다. 그렇지만 명과 원나라의 간섭에서 벗어나 자주적인 조선을 건국하려던 이성계는 1389년 판도사를 호조로 명칭을 바꾸면서 기존보다 많은 권한을 부여했어요. 이러한 흐름은 조선 건국 이후에도 계속 이어져서 태종 이방원은 호조에게 실무만이 아니라 정책을 수립하고 시행할 수 있는 권한까지 부여합니다.

호조는 지관地官·지부地部·지부아문地部衙門·창부倉部·민관民官·민부民部라고도 불렸어요. 한자를 공부한 친구들은 호조의 또 다른 이름만으로도 어떤 일을 했는지 쉽게 짐작할 수 있을 거예요. 땅 지地=토지, 창고 창倉=재물, 백성 민民=호구를 뜻하니까요. 호조는 이를 위해 판적사, 회계사, 경비사 세 개의 하급 관청을 두고 운영했어요.

판적사版籍司는 국가 재정의 기반이 되는 토지와 인구를 관리하기 위해 토지 대장인 양안과 호적을 작성하고 관리하는 일을 했어요. 이를 바탕으로 전세와 공납 그리고 역을 책정하고 거뒀죠. 흉년이 들면 작황을 조사하여 곡식을 빌려주는 진휼과 환곡도 담당했고요. 시간이 흐름에 따라 잡비와 잡물을 담당하는 잡물색, 금과 은을 관리하는 금은색, 동전을 만드는 주전소, 세금을 걷는 수세소, 지폐 제조와 주인집에서 독립해 가정을 꾸린 외거 노비가 세금으로 내는 직물인 포布를 관리하는 사섬색까지 5개의 작은 부서인 방房이 설치됩니다.

경비사經費司는 서울에서 이루어지는 국가 행사에 사용되는 경비 지출과 부산에 사는 일본인에게 주는 식량 등에 관한 일을 담당했어요. 이외에도 종묘와 사직에서 진행되는 제례에 필요한 물건, 왕실 혼례와 장례에 필요한 물건, 지방 특산물인 공물, 관리에게 지급해야 할 녹봉, 중국에 가는 사신이 가져가야 할 공물을 준비하는 일도 맡았답니다. 즉, 국가에서 필요로 하는 대부분의 지출과 경비를 담당했어요.

회계사會計司는 중앙 및 지방의 모든 관청에서 이루어지는 세금 징수와 지출에 관한 장부를 관리하고, 보관하고 있는 돈·포·곡물이 장부의 기록과 일치하는지 확인하는 일을 했어요. 또한 각 관청의 예산과 결산을 종합적으로 처리하고, 재정 상태를 파악하는 일도 했어요. 그러나 회계사는 판적사나 경비사와는 달리 작은 부서와 그곳에서 따로 일하는 인원을 두지 않았어요.

호조의 일이 너무 많다 보니 복잡하죠. 판적사는 토지 및 인구 관리를 통해 세금의 수입원을 관리하는 일을 하고, 경비사는 말 그대로 중앙 관청의 지출과 관련된 경비를 담당하며, 회계사는 수입과 지출의 장부를 관리한다는 점에서 오늘날의 회계사와 하는 일이 같다고 생각하면 이해가 훨씬 쉬울 거예요.

조선 중기 이후 호조의 기능은 점차 축소되었어요. 호적과 관련된 일은 한성부가 가져갔고, 대동법 시행 이후 조세와 관련 업무 대부분을 선혜청이, 균역법 시행 이후 물고기와 소금에 부과하는 세금인 어염세는 균역청이 가져갔지요. 예를 들어 선혜청이 대동미로 12두斗. 1두=약 16L=약 4~5kg(대동법 기준)를 거두어 갈 때, 호조는 그의 1/3인 전세 4두만 조세를 받아 갔어요. 자연스럽게 조선 후기에는 호조의 기능과 역할이 약해질 수밖에 없었어요. 그래도 호조를 책임지는 호조 판서의 권한은 막강했죠. 훈련도감, 비변사, 선혜청, 예빈시, 군자감의 제조[19]를 겸하며 국가 운영에 깊숙이 관여해 여러 법제를 제안하고 시행했으니까요.

〈호조〉

* **다른 이름** 지관, 지부
* **담당 업무** 인구, 세금, 화폐 및 곡식 등 국가 경제에 관한 일
* **관원** 판서, 참판, 참의, 정랑 3명, 좌랑 3명(정6품), 산학교수(종6품), 별제 2명(종6품), 산사(종7품), 계사 2명(종8품), 훈도(정9품), 회사 2명(종9품)
* **하급 관청** 판적사, 회계사, 경비사
* **속아문** 내자시, 내섬시, 사도시, 사섬시, 군자감, 제용감, 사재감, 풍저창, 광흥창, 전함사, 평시서, 사온서, 의영고, 장흥고, 사포서, 양현고, 5부

19) 영의정, 좌의정, 우의정 등 정승이나 판서와 같은 고위 관료들이 특정 업무를 전담할 필요성이 있을 때 임시로 임명되는 겸직 성격의 직책

호조의 속아문

호조에는 많은 속아문이 다양한 분야에서 소요되는 경비와 물품을 조달하고 관리하는 일들을 담당했어요. 이것은 조선이 매우 체계적으로 운영되었음을 보여 주는 사례이기도 해요. 그럼 호조의 속아문을 알아볼까요.

내자시內資寺는 왕실에서 사용되는 식료품과 생활용품을 비롯해 연회에 필요한 물품 등을 조달하고 관리하는 관청이에요. 이를 위해 물품을 밖에서 가져오기도 하지만, 필요한 물품을 직접 제작하기 위해 장인을 두고 운영하기도 했어요. 내섬시內贍寺는 왕실과 각 관청에 필요한 술, 떡, 음식 등을 공급하고, 일본과 여진족에서 온 사신을 접대하는 업무를 맡았어요. 사도시司導寺는 궁중에서 음식으로 사용하는 곡식과 된장 등 장류와 같은 식료품을 공급하고 관리하는 일을 했습니다. 사섬시司贍寺는 화폐인 저화를 만들어 유통하며, 외거 노비들이 바치는 포목을 관리했어요. 군자감軍資監은 군인들의 식량, 무기, 의복 등 군수품을 저장하고 들여오고 내보내는 일을 담당했으며, 제용감濟用監은 궁중과 각 관청에서 필요한 의복 제작이나 염색 등을 관장했어요. 사재감司宰監은 궁중에서 사용되는 어류, 육류, 소금, 땔나무 등을 공급하고 관리했죠. 풍저창豊儲倉은 왕실의 경비와 국가의 운영에 필요한 쌀을 보관하는 창고를 관리하는 일을 맡았습니다. 광흥창廣興倉은 관리들의 녹봉을 담당했으며, 전함사典艦

司는 선박을 제조하고 관리하는 동시에 큰 규모로 사람이나 물건을 실어 나르는 운수에 관한 일을 했어요. 평시서平市署는 도성 내 시장의 물가를 조절하고, 상거래를 감독하며, 길이나 무게 등 단위를 재는 법인 도량형度量衡을 관리했습니다. 사온서司醞署는 궁궐에서 사용하는 술과 식초를 만들고 공급했고, 의영고義盈庫는 궁궐에서 사용하는 꿀·기름·과일 등의 물품을 관리했어요. 장흥고長興庫는 돗자리와 비를 피하려고 사용하는 두꺼운 기름종이 등을 관장했고, 사포서司圃署는 궁궐에서 사용할 채소와 과일의 재배를 담당했어요. 양현고養賢庫는 국립 교육 기관인 성균관에 필요한 식량과 물품을 공급하는 등 비용과 물품을 관리했습니다. 5부는 조선의 수도 한성을 관리하기 위해 설치되었던 한성부 5부를 말해요. 수도를 효율적으로 관리하기 위한 행정체계이면서도 재정과 깊은 관련이 있어 호조의 속아문으로 분류되기도 합니다.

◈ 호조와 비슷한 대한민국 정부 기관

조선(왕정 국가)	대한민국(공화국)
호조	재정경제부, 기획예산처, 국세청

호조와 비슷한 업무를 담당하고 있는 대한민국 정부 기관은 재정경제부와 기획예산처, 국세청이 있어요. 국가의 재정과 경

제를 총괄하는 최고 기관이라는 점에서 호조와 재정경제부·기획예산처는 같은 일을 한다고 볼 수 있습니다.

출처: 공유마당

이 두 부서 이전 기획재정부의 시작은 1948년 대한민국 정부 수립으로 탄생한 재무부와 기획처예요. 재무부는 세제·국고·금융·통화·외환 정책을 담당했고, 기획처는 국가 예산과 경제 개발 계획 수립을 담당했어요. 1994년 정부 조직 개편에 따라 재정경제원으로 통합되지만, 1997년 외환 위기를 맞으면서 다시 재정경제부와 기획예산처로 나누어집니다. 하지만 나라 살림을 보다 효과적이고 효율성 있게 운영하기 위해 2008년 기획재정부로 통합된 이후 2013년에는 부총리 부처로 승격했죠. 그러나 2026년에 정책과 예산을 하나로 묶어 운영하던 기획재정부를 18년 만에 다시 재정경제부와 기획예산처로 분리합니다. 전문성을 높여 빠르게 변화하는 경제 변동에 효과적으로 대응하기 위해서 말이죠.

재정경제부는 우리나라 경제 정책을 총괄해요. 이를 위해 경제시장이 혼잡하거나 부당한 거래가 일어나지 않도록 규칙을 만들고, 세금을 어떻게 걷을지 계획을 세우죠. 또, 나라의 돈을 알맞게 관리하는 동시에 물가가 급격히 오르거나 내리지 않도록 조절해서 국민이 안정적인 생활을 할 수 있도록 도와줍니다.

이뿐만이 아니라 다른 나라와의 금융 거래와 국제금융 상황을 꼼꼼히 살펴 국익에 도움이 되도록 노력하고, 정부 산하 공공기관이 원활하게 운영되도록 지도하고 조정하는 일도 해요.

기획예산처는 사회와 경제의 변화를 전망해 앞으로 추진할 정책과 전략의 방향을 설정합니다. 이를 바탕으로 국가 예산과 각종 기금이 효율적으로 사용될 수 있도록 계획하고 관리하죠. 또한 민간기업이나 개인의 투자를 지원하고, 나라가 빌린 돈인 국가 채무를 체계적으로 관리함으로써 재정 운영의 안정을 높여요.

출처: 공유마당

세금을 걷고 관리하는 호조의 역할은 현재 국세청이 담당하고 있어요. 1966년 재무부 소속이지만 독립적으로 운영되는 산하 기관인 외청으로 시작한 국세청은 세금 업무만 담당하다가, 대한민국의 경제 규모가 커지고 세무 행정의 전문성과 효율성 확보가 중요해지면서 독립적인 기관으로 분리됐어요.

국가 재원의 조달이라는 역할을 충실히 수행하기 위해 국세청이 하는 업무는 크게 3가지로 나누어 볼 수 있어요. 첫째, 소득세·법인세·부가가치세·상속세 등 국세를 부과하고, 납세자들로부터 세금을 거두는 일을 해요. 둘째, 성실하게 세금을 납부했는지 확인하기 위한 세무 조사를 실시하고, 고의적인 탈세 행위를 적발하여 처벌하죠. 셋째, 납세자들이 세금을 쉽고 편리하게 납부할 수 있도록 국세청 홈택스 등 다양한 온라인 서비스를 제공하고, 세금 관련 상담을 지원하며 납세자의 권리를 보호하는 일을 해요. 세금을 징수하는 국세청의 업무가 단순하게 보일지도 모르겠지만, 대한민국의 경제가 발전하는 만큼 국세청의 업무도 크게 증가하고 있어요. 2026년 현재 기준으로 국세청에서 종사하는 직원만 2만여 명이 넘고, 한 해 담당하는 세입 예산만 무려 380조 원을 넘는답니다.

〈재정경제부와 기획예산처의 주요 업무〉

* 경제 정책 총괄 * 예산 및 재정 관리
* 국제 경제 협력 * 공공 기관 관리

〈국세청의 주요 업무〉

* 세금 부과 및 징수 * 세무 조사 및 탈세 단속
* 납세 서비스 제공

역사 속 호조와 주요 인물

| 나라 살림도 근검절약부터 시작됨을 보여준 윤현

『선조 수정실록』에 조선 시대 최고의 호조 판서로 손꼽히는 윤현1514~1578에 관한 죽음이 기록되어 있어요. '윤현은 장원으로 급제한 자이다. 그는 재물을 관리하는 데 재능이 있어서 집에 있을 때에는 섬세한 것까지도 아껴서 넉넉하게 하였고 조금도 함부로 낭비하지 않았다. 여러 번 호조 판서를 지내며 재화와 곡식을 관리하는 데 있어서 조금도 빠뜨리지 않으니 사람들이 그의 능력에 탄복하였다.'라고요. 윤현은 어떻게 나라의 재물을 철저히 관리했기에 이런 좋은 평가가 나왔을까요?

중종은 장원급제한 윤현에게 젊고 능력 있는 관리들만 선발하여 학문에 매진할 수 있도록 지원하는 사거독서[20]의 기회를 제공했어요. 조선의 미래를 위해 윤현의 능력을 신장시키려는 큰 그림이었죠. 윤현은 이런 기대에 부응하여 중종에게 조금도 실망스러운 모습을 보이지 않았어요. 경기도·충청도·황해도 관찰사를 역임하며 지방민을 다독여 주고, 형조·호조 등 중앙 관아에 임명되어 여러 어려운 현안을 손쉽게 해결하는 모습을 보여 주었어요. 이뿐만 아니라 명나라에 사신으로 가서 크고 작은 현안을 해결하는 등 뛰어난 외교적 수완도 보였지요. 그러나 무엇보다도 윤현의 가장 빛나는 업적은 호조 판서로 있으면서 나라의 곳간을 가득 채운 데 있어요.

그가 나라 살림을 운영하며 지킨 제일 원칙은 아끼고 절약하는 것이었어요. 오래되어 깨진 물건들도 모두 장부에 기록하여 창고에 쌓아 둘 정도로 말이죠. 그러나 무턱대고 보관만 하

20) 임금이 관리에게 특별히 휴가를 주어 공부에만 전념하게 하는 제도로 오늘날의 연구년 제도와 흡사

지는 않았어요. 윤현이 궁중 음식에 관한 일을 맡아보던 관아인 사옹원에서 깨진 사기그릇을 버리지 않고 창고에 모두 보관하자 많은 사람이 비웃었어요. 쓸모없는 물건을 쌓아 놓으면 자리만 차지할 뿐 아무 소용이 없다고 말이지요. 그런데 얼마 뒤 궁성을 수리하는 공사에서 단청에 칠할 물감을 담을 그릇이 부족하다는 보고가 올라와요. 이때 그는 창고에 쌓아 두었던 깨진 사기그릇을 꺼내 물감을 담을 수 있도록 보내 줍니다. 덕분에 조정에서는 그릇을 만드는 비용을 크게 아낄 수 있었어요.

또 닳아 떨어진 돗자리나 청연포 등 더는 사용할 수 없는 여러 옷감도 창고에 쌓아 두었어요. 이때도 사람들은 그의 행동을 비웃었어요. 그러나 윤현이 아무 대책없이 그것들을 창고에 보관한 것은 아니었어요. 떨어진 돗자리는 종이를 만드는 곳인 조지서에 보내 맷돌에 갈아 종이 만드는 재료로 사용하도록 했어요. 덕분에 종이를 만드는 비용은 줄고, 종이의 질은 한층 더 좋아졌죠. 청연포는 예조에 보내서 야인들 옷의 숫단추매듭단추를 만드는 데 활용하도록 했어요. 그로 인해 옷감을 따로 조각내지 않아도 되어서 옷을 만드는 비용이 크게 절감되었죠. 이후 윤현을 비웃던 사람들은 사라지고, 중국 동진의 도간보다도 더 뛰어나다며 칭송하는 사람들이 늘어만 갔어요. 중국 동진의 도간이 누구냐고요? 도간은 배를 만들다 남은 나무 톱밥과 대나무 조각을 버리지 않고 모아두었다가, 비로 인해 진창이 된 길에 뿌리게 한 인물로 검소함과 현명함을 상징하는 인물입니다. 여러분이 봐도 도간보다 윤현이 한 수 위라는 생각이 들지 않나요.

우리는 종종 공공재를 아끼지 않고 함부로 쓰는 사람을 봐요. 더 나아가 공공재를 자기 재산처럼 함부로 사용하는 사람도 봅니다. 그런데 나라 살림을 책임지는 사람이 이런 자세로 업무를 수행한다면 어떨까요? 조선 시대를 통틀어 나라와 백성을 위해 물자를 근검절약하고, 적재적소에 필요한 재원을 조달하여 나라 살림을 튼튼하게 한 윤현을 조선 최고의 호조 판서라고 칭송하는 것에 조금도 부족함이 없을 듯해요.

생각거리

* 호조 판서 윤현은 깨진 그릇이나 닳은 옷감도 그냥 버리지 않고 필요한 곳에 다시 썼어요. 우리 주변에서 버려지지만 사실은 다른 용도로 쓰일 수 있는 물건들을 어떻게 재활용하거나 새롭게 쓸 수 있을지 함께 아이디어를 내볼까요?
* 공공재를 자기 물건처럼 아껴 쓰는 태도가 왜 중요한지, 만약 자기 물건처럼 아껴쓰지 않는다면 어떤 문제가 생길지 구체적으로 말해 보세요.
* 오늘날 우리 주변에서 쉽게 버려지거나 재활용되지 못하는 자원(폐기물, 버려지는 물건 등)을 효율적으로 활용할 수 있는 구체적인 방안을 2가지 이상 제시하고, 그 효과를 설명해 보세요.

| 6년간 호조 판서로 대동법을 시행하다 계축옥사로 죽은 황신

임진왜란으로 큰 위기에 봉착한 조선을 살린 것은 대동법 시행이에요. 대동법은 소유한 토지의 면적을 기준으로 부유한 사람은 세금을 더 내게 하고, 가난한 사람은 적게 내게 하면서 백성의 부담을 크게 줄여 주었어요. 또한 지역의 토산물이 아닌 쌀, 베, 돈으로 세금을 납부하면서 시장이 활성화되고 상업이 발달했어요. 그 결과 상민 계층의 경제적 생활이 안정화되었고, 양반 중심의 신분제 사회가 점차 약화하는 등 사회 전반에 걸쳐 큰 변화가 일어났죠. 이처럼 우리 역사에서 매우 중요한 자리를 차지하는 대동법이 시작하는 과정에서 호조 판서 황신 1560~1617의 역할이 매우 컸어요.

황신은 선조 때 관직에 나간 이후 여러 차례 굵직한 역사적 사건으로 좌천되거나 파직되기를 반복했어요. 그럼에도 황신은 주변을 탓하지 않고, 늘 묵묵하게 자신이 맡은 바 책무를 다했죠. 임진왜란 때도 황신은 광해군을 따라 지방에 다니며 의병을 독려하고, 병조 정랑으로 병조 판서 이항복을 도와 군사 실무에 차질이 없도록 수행했어요. 전쟁이 끝난 후에도 통신사의 일원으로 명나라 사신 심유경과 일본에 다녀왔죠. 이처럼 위험하고 어려운 일을 가리지 않고 나라를 위해 일하던 황신은 다방면으로 재주가 많았지만, 무엇보다도 탁월함을 보여 준 것은 재정 관리였어요.

전라감사 시절 정유재란으로 폐허가 된 남원을 복구하는 모습을 눈여겨본 광해군은 즉위 후 황신을 호조 판서로 임명합니다. 전쟁 복구도 하지 못할 정도로 재정 상태가 열악한 나라 살림을 책임져야 하는 황신은 명나라 사신의 무리한 조공 요구에 "책사의 소행은 사람의 이치라곤 하나도 없습니다. 저 욕심을 다 충족시키기 어려우니, 무리한 요구는 죽더라도 따르지 않는 것이 옳습니다. 은 5천을 요구하면 5천을 주고, 1만을 요구하면 1만을 준다면 훗날 그들의 요구에 어떻게 대응할 수 있겠습니까? 5천 냥 외엔 결단코 허락해서는 안 됩니다."라며 명나라에 끌려다녀서는 안 된다고 강력하게 주장합니다. 그러나 현실은 녹록하지 않았죠. 예상보다 많은 은을 명나라에 바치게 되자, 황신은 자신을 처벌해 달라고 광해군 앞에 엎드려요. 모든 것이 자신의 능력 부족 때문이라고 말이죠. 이 모습에 광해군은 "이것이 어찌 경 혼자서 걱정하고 고민할 일인가. 온 나라가 똑같이 해야 할 큰 걱정이다. 경은 대죄하지 말고 더욱 마음을 쏟아 계획하고 처리하라."라며 격려합니다.

황신이 호조 판서로 가장 잘한 일은 대동법 시행을 강력하게 밀어붙인 거예요. 영의정 이원익이 건의하여 '경기선혜법'으로 경기도에서 처음 대동법이 시행될 수 있었던 것도 실무를 담당한 황신이 아니었으면 불가능했을지도 몰라요. 사실 광해군은 대동법 시행에 미온적이었거든요. 황신이 대동법이 가진 이점을 제대로 이해하지 못했거나, 졸속으로 추진했다면 대동법은 전국으로 확산하지 못했겠죠. 또 권력과 부를 가진 지배 계층의 반발을 묵묵히 감수하며 추진한 황신의 뚝심도 대동법이 자리 잡는 데 중요한 역할을 했다는 사실을 놓쳐서는 안 될 거예요.

하지만, 시간이 흘러 광해군과 황신의 의견이 달라지면서 손발이 점차 맞지 않았어요. 정통성이 약한 광해군은 창덕궁과 창경궁을 준공한 이후에도 왕권을 강화하기 위해 경덕궁과 인경궁을 무리하게 건설하면서 국가 재정을 악화시켜요. 반면 임진왜란으로 피폐해진 조선을 재건하기 위해서는 무엇보다 대동법 시행이 우선이라고 판단한 황신은 광해군을 찾아가 궁궐 짓는 사업을 멈춰야 한다고 말해요. 대동법을 시행하는 데 필요한 양전 사업[21]이 인력 부족으로 제대로 진행되지 않고, 백성들이 공사에 동원되어 생기는 불평과 불만으로 국정 운영이 어렵다고 호소하지요. 그럼에도 광해군은 새로운 궁궐을 짓겠다는 욕심을 포기하지 않고 무리하게 진행시켰어요. 그로 인해 광해군 때 시행한 대동법은 좋은 성과가 나오지 못합니다.

그럼에도 황신은 포기하지 않고 광해군에게 "국가의 수입과 지출을 제대로 파악하지 못하고 국가를 경영하면 제아무리 지혜로운 사람이라 할지라도 감당하지 못하니 근거 없는 논의

21) 토지의 위치, 면적, 소유주 등을 조사하는 사업

에 흔들리지 말고 나라를 경영하셔야 합니다."라고 말해요. 이렇게 말할 수 있는 것은 평소 조선의 살림을 황신이 잘 꾸려왔기 때문이에요. 그래서 『광해군일기』에서 황신을 '6년 동안 호조 판서 자리에 있으면서 치재治財를 잘하였고, 또 균전사均田使를 내보내어 토지 구획을 잘하는 등 시행한 일이 많았다.'라고 평가하고 있어요.

❙ 동전 유통을 위한 노력

태조는 고려가 은화를 국제 화폐로 사용하면서 부족한 재원을 마련했던 역사를 기억하며 조선도 화폐를 발행하고자 했어요. 그러나 건국 초 수많은 은광이 폐쇄되면서 은화를 제조할 수 없었어요. 대안으로 구리로 화폐를 만들려고 했으나, 이 또한 구리를 캐낼 수 있는 광산이 부족해서 포기해야 했죠. 결국 선택한 것이 종이로 만든 '저화'였어요. 종이가 귀했던 만큼 저화가 화폐의 기능을 잘 수행할 것이라 기대했지만, 사람들은 저화보다는 물물교환을 더 선호했죠. 이것은 조선 사회가 화폐를 사용할 정도로 상품 화폐 경제[22]가 발달하지 못한 점도 있지만, 조선 정부가 발행한 저화의 가치를 믿지 못하는 사람들의 불신도 한몫했어요.

22) 물건을 사고팔 때 화폐를 사용하는 경제

태종도 즉위 후 사섬서라는 기구를 만들어 저화를 유통하고자 했으나, 백성들은 강제로 저화를 사용하라는 정책에 큰 거부감을 보였어요. 결국 태종도 두 손 두 발 다 들고 다시는 저화를 발행하지 않겠다고 선언한답니다.

손대는 것마다 성공하지 못한 일이 없는 세종도 화폐 유통만큼은 실패했어요. 당나라의 개원통보를 모델로 삼는 등 철저한 준비 과정을 거쳐 조선통보를 만들어 전국에 유통했지만, 여전히 백성들은 화폐 사용을 꺼리는 등 냉담한 반응을 보였어요. 정부가 발행한 화폐를 얼마나 인정하지 않았냐면, 조선통보를 녹여서 놋쇠 그릇인 유기를 만드는 재료로 사용할 정도였어요. 결국 동전을 발행하면 할수록 손해가 커져서 국가 재정이 악화하자, 세종도 더는 화폐를 만들지 않겠다고 선언합니다.

세조는 화폐 발행으로 경제와 국방 두 마리의 토끼를 잡고자 철전이라는 독특한 화폐를 발행했어요. 철전이란 구리나 종이가 아닌 철로 만든 화살촉 모양의 동전이에요. 평소에는 화폐로 사용하다가 전쟁이 발발하면 바로 무기로 전환하여 사용하겠다는 의도는 좋았지만, 백성들이 철전을 사용하지 않으니 아무 소용이 없게 되었죠. 이처럼 조선 전기는 화폐를 유통하려고 노력을 기울이지만 매번 실패하고 말아요.

화폐가 정착되기 시작한 것은 임진왜란이 끝난 조선 중기 이후였어요. 대동법으로 상품 화폐 경제가 발달하면서 전국에 시장이 열리자, 많은 사람이 화폐로 물건을 사고파는 게 좋다는 것을 알게 됩니다. 여기에 청을 비롯한 주변국과 교역이 발달하면서 물물교환이 시대에 뒤떨어지고 불편하다는 사실을 알게 된 거예요. 이런 변화에 힘입어 인조는 새로운 화폐를 발행하고, 그에 맞춰 세금을 징수하는 방법을 두고 신하들과 의견을 나누어요. 하지만 이때만 해도 아직 화폐가 유통될 만큼 경제가 발달하지 않은 데다, 정묘호란이 발발하면서 화폐 발행 계획은 무산되고 말아요. 무엇보다 관료들이 화폐가 가지는 유용성을 인지하지 못해서 화폐 사용이 실제 생활에 아무 도움이 되지 않는다는 보고서를 올릴 정도였으니 성공하기 힘들었겠죠.

▲ 상평통보
출처: <상평통보>, 한국민족문화대백과사전

화폐가 활발하게 사용된 것은 이로부터 40~50년이 흐른 숙종 때예요. 허적과 권대운이 "돈은 천하에 통용되는 재화입니다. 역대 왕들이 화폐를 유통하려 했지만, 동전을 만들 재료가 조선에 없을 뿐더러 중국과 풍습이 달라 매번 실패하고 말았습니다. 이제라도 호조·상평청·진휼청·어영청·사복시·훈련도감을 통해 상평통보를 만들어 시중에 유통시켜 주시옵소서."라고 건의해요. 숙종은 이들의 의견에 적극적으로 공감하며 상평통보를 주조하고 화폐가 유통될 수 있도록 지원을 아끼지 않아요. 그 결과 조선 후기에는 화폐 사용이 보편화되면서 자본주의의 모습이 등장하게 됩니다.

| 영조의 사치를 비판한 권이진

영조는 조선 시대 왕 중에서도 매우 검소하기로 유명합니다. 어느 정도냐면 백성의 부담을 줄이기 위해 평소 임금이 먹는 수라상의 반찬 수도 줄일 정도로 근검절약을 실천한 왕이죠. 이처럼 자신에게도 엄격했으니 신하들에게는 어땠을까요? 흉년이 들면 술을 빚은 자는 섬으로 유배 보내고, 술을 사서 마신 자는 노비로 전락시킬 정도로 엄격함을 보였답니다. 이런 기간이 1~2년이라도 굉장히 힘들었을 텐데, 즉위 32년에 영조가 내린 금주령은 무려 10년간 지속되었어요.

이처럼 근검절약이라면 누구에게도 지지 않을 영조에게 사치를 부리면 안 된다고 직언한 사람이 있어요. 바로 호조 판서 권이진1668~1734입니다. 평소에도 검소하기로 유명했던 권이진은 호조 판서가 되자 영조보다 한술 더 떠서 무조건 아껴야 한다고 외쳐요.

화평 옹주가 3살이 되어 밥을 먹을 수 있게 되자, 이 모습이 너무도 예뻐 어쩔 줄 몰랐던 영조는 은으로 만든 밥그릇 서너 개를 만들어 오라고 명령해요. 그러자 권이진은 영조를 찾아가 "부녀자의 밥그릇에 불과한 것을 왜 은으로 만들어 사용하려고 하십니까? 전하께서는 장차 어디에 쓰시려고 합니까?"라며 말해요. 영조는 자신의 마음을 몰라주는 권이진에게 화가 나서 아무 소리 말고 당장 만들어 오라고 호통을 쳤어요. 그럼에도 권이진은 물러서지 않고 말을 계속 이어 나갔어요. "저는 비용을 걱정하는 것도 아니고, 전하의 명령을 따르지 않으려는 것도 아닙니다. 다만 은그릇을 궁중에서 쓴다면 너무 사치스럽고, 신하에게 상으로 내리시려 한다면 분수에 넘치는 일입니다. 만일 은그릇의 용도가 합당하다면 지금 즉시 만들어 오겠지만, 그렇지 않다면 명령을 거두어 주십시오."라고요.

하나 더 이야기해 볼까요. 옹주는 머물 거처를 마련하기 위해 땅을 구입하고자 했어요. 문제는 땅의 주인이 오랫동안 관리하지 않아서 인근 주민들이 주인 없는 땅으로 여기고 몇 대에 걸쳐 농작물을 심으며 자신의 땅처럼 경작하고 있었다는 점이에요. 영조의 딸이 정당하게 땅을 매입하려는 것인 만큼 절차상 아무런 문제가 없었지만, 권이진은 영조에게 옹주가 그 땅을 사지 못하도록 막아달라고 말합니다. 그곳에서 경작하던 사람들이 토지에서 쫓겨나 나라를 원망하게 만들어서는 안 된다며 말이죠. 옹주를 너무도 사랑했던 영조는 아주 오랫동안 이런 행태가 이어져 오는 만큼 지금 당장 바꿀 수도 없고, 국가가 개인 간의 거래에 개입해서도 안 된다며 권이진의 요구를 들어줄 생각이 없다고 말해요. 그러자 권이진은 "비록 왕실 사람이 매수했다 하더라도 왕실의 주인은 전하가 아닙니까? 그러므로 방관하신다면 국가에서 매입하여 백성을 내쫓는 것과 같습니다."라며 강하게 맞받아쳐요. 영조도 대단한 것이 보통 사람 같으면 불쾌하게 여기며 호통쳤을 텐데, 오히려 나라를 걱정하는 권이진의 충심이 옳다면서 호조 판서로 임명하기를 잘했다고 칭찬합니다.

이후로도 권이진은 틈만 나면 영조에게 나라의 재정을 아껴야 한다며 쓴소리를 여러 차례 해요. 영조의 입장에서 보면 '나보다 더한 사람일세.'라고 혀를 내둘렀을 거예요. 그러면서도 자기 재산처럼 나라 살림을 아끼는 권이진이 사랑스럽지 않았겠어요. 그래서 2년밖에 안 되는 짧은 기간 호조 판서로 있으면서 나라 곳간을 가득 채운 권이진을 "박문수가 호조에 부임하여 강력하게 일을 해 나가면서 온 힘을 다하여 헛된 비용을 절감했으므로 백성들에게 약간의 좋은 평판을 얻었다. 근세에 권이진이 호조에 있으면서 재화를 잘 다스렸다는 것으로 최고의 칭찬을 얻었는데, 박문수가 조금 그의 뒤를 잇기는 했으나 정밀하고 빠르게 사무를 잘 아는 것은 권이진에게 미치지 못하였다."라며 매우 우수한 관리로 평가했답니다.

❙ 호조 판서의 바둑판을 뒤엎은 김수팽

영조 때 호조에서 문서의 기록이나 관리를 맡아보던 서리[23)]김수팽은 중인 계층이지만, 그의 청렴결백하고 강단 있는 행동은 사람들의 입에 오랫동안 오르내렸어요. 물론 좋은 일로요. 사실 나라의 살림을 책임지는 호조에서 일하는 사람들은 나쁜 마음만 먹으면 얼마든지 횡령을 통해 많은 돈을 빼돌릴 수 있었어요. 그러나 김수팽은 여느 사람들과 달랐죠. 부정비리를 저지르는 사람을 보면 참지 않았어요. 자칫 앙심을 품은 사람에게 보복당할 수 있는 데 말이죠.

그럼 김수팽과 관련된 일화 몇 가지를 소개할게요. 하루는 김수팽이 관리하는 창고에 고위 관료가 들어오더니 은으로 된 바둑알을 한 움큼 쥐더니 자기 주머니에 넣는 거예요. 이 모습을 보고 깜짝 놀란 김수팽이 어이없어 쳐다보고 있으니 고위 관료도 멋쩍었는지 "우리 딸이 시집가는데 노리개나 좀 만들어야겠어."라며 혼잣말로 중얼거렸죠. 자기보다 신분과 관직이 높은 사람을 혼낼 수 없었던 김수팽은 고위 관료보다 더 많은 은 바둑알을 주머니에 넣었어요. 김수팽으로 인해 바둑알이 없어진 것이 들통날까 두려워진 관료는 이게 무슨 짓이냐고 따졌죠. 그러자 김수팽은 "대감마님은 딸이 하나지만, 저는 다섯이

23) 하급 행정 실무직

라 더 많이 필요하답니다."라며 응수합니다. 김수팽의 말에 할 말이 없어진 관료는 결국 주머니에 넣은 바둑알을 모두 제자리로 돌려놓고 조용히 돌아갔어요. 그 관료가 권력을 내세워 앙갚음하지 못한 것은 김수팽이 평소 청렴결백하기로 유명했기 때문이에요.

다른 사례도 볼까요. 선혜청에서 아전으로 일하던 아는 동생이 천을 염색하여 판매한다는 사실을 들은 김수팽은 바로 동생의 집으로 달려갔어요. 그러고는 염색 물감으로 가득 차 있는 항아리를 깨뜨려 버리고는 "우리는 나라로부터 넉넉하게 녹을 받고 있네. 그럼에도 만족하지 못하고 염색하는 일을 한다면, 가난한 사람들은 앞으로 무엇을 하며 생계를 유지하겠나?"라며 호통치고는 다시는 두 가지 일을 함께하지 말라고 혼을 냅니다. 당시에는 관료들이 녹봉이 적어서 다른 일을 함께 하는 경우가 많았는데, 김수팽은 나랏일을 하는 관료라면 오롯이 자신이 맡은 일만 최선을 다해야 한다고 생각하고 실천한 인물이에요. 오늘날 국가공무원법 제64조에 '공무원은 공무 외에 영리를 목적으로 하는 업무에 종사하지 못하며 소속 기관장의 허가 없이 다른 직무를 겸할 수 없다.'라고 규정하고 있는 것을 보면 김수팽은 앞서 나간 사람이라고 볼 수 있네요.

바둑과 관련한 이야기가 하나 더 있어요. 김수팽이 결재받을 일이 있어서 호조 판서의 집무실을 찾아갔어요. 그런데 호조 판서가 바둑 두는 데 빠져 결재해 주지 않는 거예요. 자신의 책무를 다하지 않는 호조 판서의 행동에 화가 난 김수팽은 당상에 올라가 바둑판을 엎어 버려요. 신분제 사회였던 조선에서 이런 행동은 불경죄로 자칫 목숨을 잃을 수도 있는 위험한 일이었지만, 김수팽은 당당하게 "저를 이 자리에서 죽이셔도 할 말이 없습니다. 그러나 백성을 위한 일을 한시도 뒤로 미룰 수는 없습니다. 빨리 결재해 주시기 바랍니다. 대감마님에게 큰 죄를 지은 저는 이만 사직하고 물러나겠습니다."라고 말해요. 이때도 김수팽의 말이 하나도 틀린 것이 없어서 호조 판서는 그 자리에서 사과하며 결재해 주었다고 하네요.

이 일이 있기 전에 수만 냥을 가져오라는 영조의 명령도 거부한 김수팽의 행동을 보면 호조 판서가 절절 맨 것이 이해되기도 해요. 어느 늦은 밤에 내시가 김수팽을 찾아와서는 왕명이라면서 수만 냥을 달라고 말해요. 나라를 휘청하게 만들 정도로 큰 액수를 누가 감히 왕명이라면서 사기 친다고 생각하겠어요. 하지만 김수팽은 달랐죠. 혹시라도 영조가 시킨 것이 아니라면, 오롯이 모든 피해는 백성들에게 돌아갈 것을 먼저 걱정했어요. 그래서 김수팽은 호조 판서의 결재를 받아야 돈을 내줄 수 있다면서 밤새 시간을 끌어요. 반면 돈을 내어 주지 않는 김수팽으로 인해 영조의 꾸지람을 듣는 것이 두려워진 내시는 영조에게 모든 것을 일러바쳤죠. 이제 김수팽은 '죽었다'라고 생각하면서 말이죠. 그러나 영조의 반응은 정반대였어요. 오히려 "호조 서리로써 마땅히 해야 할 일을 했으니 어찌 죄를 물을 수 있겠는가? 장하다."라고 크게 칭찬합니다.

김수팽의 행동은 오늘날에도 많은 가르침을 줘요. 한편으로는 김수팽이 시대를 잘 타고 태어났다는 생각도 듭니다. 역사를 보면 아무리 옳은 일을 하여도 칭찬은커녕 오히려 책임을 추궁당하며 억울하게 피해를 보는 일들을 종종 보게 되니까요. 그런 점에서 인재를 알아보는 영조 때 태어났기에 이런 기록들이 남지 않았나 싶네요.

◈ 호조와 역할이 겹친 기관

| 선혜청

광해군이 즉위하던 해인 1608년 '경기선혜청'으로 시작된 선혜청은 대동법으로 거둬들인 쌀과 베, 동전의 출납을 담당하기 위해 설치된 기구예요. 선혜청이라는 용어는 '무선일푼지혜務宣一分之惠'에 기원을 두고 있는데, 한자를 풀이하면 '한 푼의 은혜라도 힘써 베푼다.'라는 뜻이 됩니다. 여기서 '은혜'는 국왕이 백성들에게 베푸는 은혜를 말해요.

선혜청은 대동법이 전국으로 확대될 때마다 기능과 권한이 커져갔어요. 숙종과 영조는 흉년에 어려운 백성을 돕기 위해 만든 진휼청과 백성이 지는 군역의 부담을 줄이려고 만든 균역

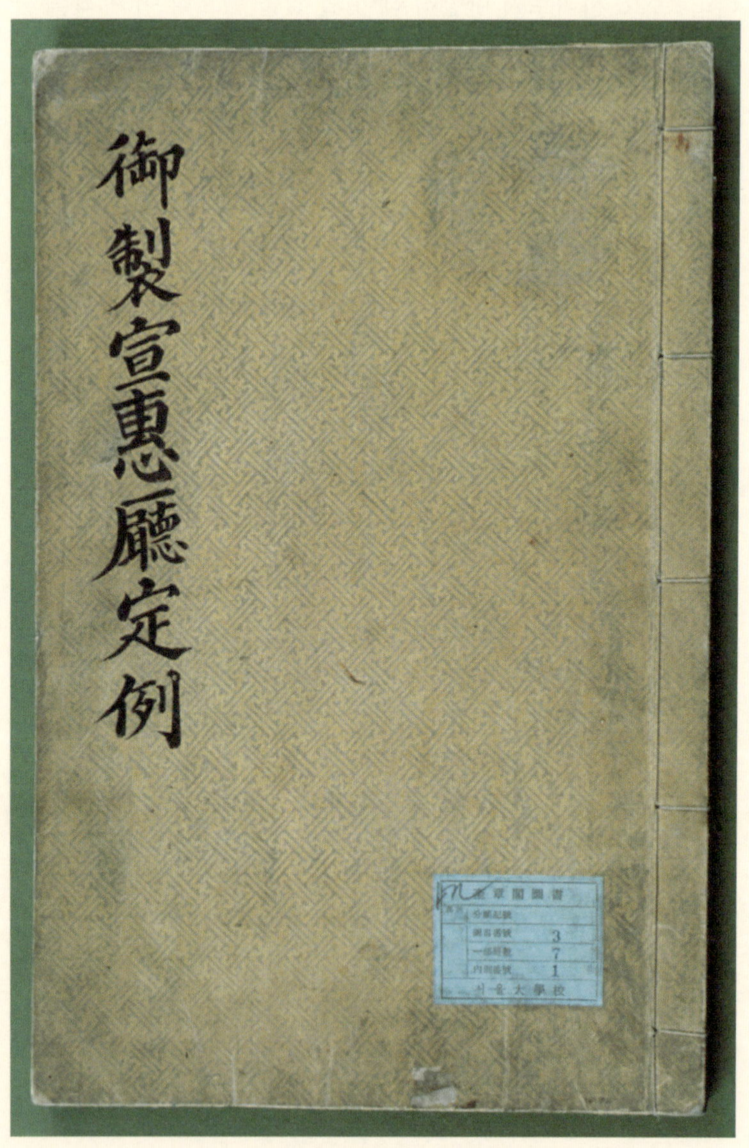

▲ 조선 시대 선혜청에서 집행한 왕실 재정에 관한 규례를 기록한 책

출처: <선혜청정례>, 한국민족문화대백과사전

법 실시에 관한 모든 사무를 담당하는 균역청을 선혜청에 부속시켜요. 그 결과 선혜청 재정 운영 규모가 호조의 업무량을 능가하게 됩니다. 어느 정도냐면 10만석 정도의 쌀을 관리하는 호조보다 훨씬 많은 25만 석 규모의 쌀을 관리했으니까요. 당연히 조선 후기에는 호조보다 선혜청이 더 중요한 관청으로 사람들에게 인식됩니다.

그럼 선혜청을 존재하게 만든 대동법에 대하여 다시 알아볼까요? 대동법이란 지역의 특산물을 집을 세는 단위인 호戶가 아닌 토지를 기준으로 쌀이나 베, 동전으로 거둬들이는 조세 제도예요. 물건이 아닌 쌀이나 돈으로 세금을 내게 한 것이라 백성들은 상품을 시장에 내다 팔아야 했죠. 그로 인해 조선 후기 상품 화폐 경제가 발달합니다. 또한 가족의 구성원 수가 아닌 보유한 토지의 면적을 기준으로 조세가 부과되었기에 부유한 사람이 세금을 더 많이 내고, 없는 사람은 적게 내는 등 조세의 형평성이 맞추어지게 돼요. 즉, 대동법으로 조선 후기 상품 화폐 경제가 발달하고 공인이 등장했으며, 신분제 변화를 가져오는 등 근대화가 이뤄집니다.

다시 선혜청으로 돌아올까요. 선혜청은 많은 재원을 관리하는 관청이지만, 생각보다 단순한 구조를 가지고 있어요. 초기 선혜청 관원은 영의정이 겸임하는 도제조 1명, 호조 판서가 겸임하는 제조 1명, 선혜법과 상평의 업무를 각기 담당한 낭청 2

명이 전부였어요. 시간이 흐르면서 규모와 담당해야 할 업무량이 증가하면서 도제조 3명, 제조 3명, 낭청 휘하 계사·서리·사령·고직이 추가로 만들어지는 등 선혜청 소속 관원도 증가합니다.

도제조는 무조건 의정부 재상이 겸임해야 해서 정1품인 영의정, 좌의정, 우의정 가운데 한 명이 선혜청을 책임져야 했어요. 조선 후기에는 3명의 도제조가 있었으니 의정부의 영의정, 좌의정, 우의정 모두가 선혜청의 책임자가 된 거죠. 이것만으로도 선혜청이 조정에서 얼마나 중요한 관청으로 인식되었는지 알 수 있습니다. 3명의 제조는 2품 이상의 관원이 겸임하게 했는데, 그중 한 명은 무조건 호조 판서이고 나머지 둘은 다른 육조의 판서나 호조 참판 등이 비변사의 추천이나 국왕의 선발로 임명됐어요. 낭청은 선혜청에서 회계를 관리하고, 출납문서에 결재를 받는 등 실무를 담당했는데, 4품 이상의 관원으로 선발했어요. 마지막으로 숫자와 관련된 산학을 익힌 중인 계층에서 5명을 뽑아 회계 실무를 담당하는 계사로 활동하게 했어요. 이들이야말로 현장에서 선혜청의 재원을 관리했죠. 이외에도 문서 작성과 기록 관리 그리고 행정 처리를 하는 서리, 공문서 전달 등 심부름이나 잡무를 담당하는 사령, 관청이나 창고를 지키는 고직이 선혜청을 운영하는 주역이랍니다.

역사에서 선혜청이라는 이름이 가장 강렬하게 등장한 때는 고종이 통치하던 1882년에 일어난 임오군란이에요. 강화도 조약 이후 구식 군인들이 13개월 치 월급을 받지 못하게 돼요. 이들을 더욱 화나게 만든 것은 신식 군대인 별기군은 좋은 대우를 받고 있다는 거였죠. 그러던 어느 날 구식 군인들에게 전라도에서 올라온 쌀로 한 달 치 월급을 줄 테니 선혜청 창고인 도봉소로 모이라는 연락이 와요. 비록 한 달 월급이라도 사랑하는 가족을 배불리 먹일 수 있는 쌀을 준다는 말에 군인들은 기분 좋게 달려갔지요. 그런데 이들의 손에 쥐어진 것은 벼 껍질과 모래가 섞여 있어 도저히 먹을 수 없는 쌀이었어요.

더는 참을 수 없는 구식 군인들은 선혜청에 달려가서 중간에서 쌀을 횡령한 자들을 처벌하고, 제대로 된 쌀을 달라고 요구했죠. 그러나 돌아온 것은 문제 해결이 아닌 처벌이었어요. 선혜청을 담당하는 민겸호가 항의를 주도한 군인 4명을 잡아들여서는 그중 2명을 처형해 버려요. 이에 격분한 구식 군인들은 민겸호의 집을 부수며 폭동을 일으키고는 운현궁으로 달려가 흥선 대원군에게 도움을 요청합니다. 이후 이들은 흥선 대원군의 지시에 따라 민겸호를 죽이고 일본 공사관을 공격합니다. 이 사건을 임오군란이라고 해요. 이 과정에서 도망친 명성 황후와 민씨 친척이 청나라 군대를 끌어들여 임오군란을 진압하면서 조선은 청나라의 내정 간섭을 받게 돼요. 일본에게는 50만 원이라는 막대한 배상금을 지불하면서 조선의 국력은 더욱 기울어지게 되죠. 이처럼 임오군란 발발에 직접적인 원인을 제공했던 선혜청은 1894년 갑오개혁 때 대동법이 폐지되면서 역사 속으로 사라지게 됩니다.

| 상평청

상평청은 물가 조절 기관으로 곡식의 가격이 지나치게 오르거나 내리는 것을 방지하기 위해 운영된 기관이에요. 풍년에는 곡물을 사들여 가격 상승을 억제하고, 흉년에는 저장된 곡물을 풀어 가격 하락을 유도하며 가난한 사람들을 구제하는 역할을 맡았죠. 정리하면 백성을 위한 구휼救恤 기관이자 물가 조절을 담당하는 역할을 하던 곳이 상평청입니다.

중국 한나라에도 상평청과 같은 역할을 하던 기관이 있었어요. 이름은 상평창이에요. 고려 성종은 상평창을 993년에 받아들여 수도인 개경과 서경 그리고 양주·광주·충주 등 지방관이 파견되는 12목에 설치하여 운영했어요. 이것만으로 모든 사람에게 혜택을 줄 수는 없었지만, 흉년에 백성에게 곡식을 빌려주던 의창과 함께 굶주린 사람에게는 큰 도움이 되었답니다. 하지만 고려가 잦은 외침과 지배층의 횡포로 국정을 잘 이끌지 못하면서 제 기능을 하지 못하고 사라지고 말았어요.

그렇게 역사의 뒤안길로 사라지는 듯 보였던 상평창이 조선 시대에 되살아납니다. 국가 운영에 백성의 민심이 매우 중요하다는 사실을 너무도 잘 아는 세조는 흉년 때 어려운 사람들을 돕는 데 쓰는 쌀인 구휼미를 나누어 주는 것만으로는 민심을 얻기 어렵다고 판단했어요. 그래서 물가 조절을 통해 시장 경제를 안정화하는 상평창을 설치하고, 운영 법규를 마련하는 등 체계적으로 운영되도록 힘씁니다. 그러나 안타깝게도 재정 부족으로 바라던 만큼의 성과를 거두지는 못해요.

조선 중기 이후에는 상평청을 설치하여 각 지방의 구제 곡물을 관장하게 했지만, 이번에도 제 역할을 하지 못해요. 내부적인 문제라기보다는 임진왜란이라는 외부적인 요인이 더 크게 작용했기 때문이에요. 7년간의 긴 전쟁으로 긴급하게 재정이 투입되어야 할 우선순위에서 상평청이 뒤로 밀릴 수밖에 없었던 거예요.

인조는 상평청이 제 기능을 하지 못하자, 대동법을 시행하던 경기청과 함께 선혜청의 부속 기관으로 만들었어요. 이후 상평청은 평소에는 곡물을 관리하다가 흉년이 들면 진휼청이라는 이름으로 구제 업무를 담당하게 됩니다. 상평청에 물가 조절이라는 역할이 있던 만큼 인조와 숙종 때는 상평통보를 만들기도 했지만, 점차 기능과 역할이 축소되다가 영조 때 균역청과 통합돼요. 이후 상평청은 흉년으로 먹을 것이 없어 굶주리는 것을 돕는 본래의 목적보다는 사신을 접대하는 데 필요한 비용을 마련하는 일을 하게 되죠.

그렇다고 조선이 백성의 삶을 외면한 것은 아니에요. 오늘과는 다르게 구휼 기능을 가진 관청이 여러 곳이다 보니 업무가 중복되면서 효율성이 떨어졌고, 풍족하지 않은 재원으로 운영하다 보니 원하는 만큼의 효과를 가져오지 못했을 뿐이에요. 그래서 우리는 고려부터 조선까지 약 1,000여 년간 백성의 안정적인 삶을 위해 정부가 노력했다는 점을 기억하고 높이 평가해야 해요. 이처럼 백성의 삶을 국가가 꾸준히 보살펴 주는 것은 다른 나라의 역사에서 찾아보기 쉽지 않은 일이니까요.

| 균역청

조선은 16~60세의 천민을 제외한 양인 남성에게 군에 가서 복무하는 군역을 부과했어요. 지금처럼 일정 기간 군인으로 복무하는 것과는 달리 몇 년에 한 번씩 군대에 가서 복무해야 했죠. 그런데 이 나이의 성인 남성은 가족의 생계를 책임져야 하는 가장이었기 때문에 군인으로 일하는 것을 매우 힘들어 했어요. 군인으로 나가 있는 동안 남아 있는 가족들의 생계가 너무 걱정됐거든요. 그로 인해 군역을 회피하는 사람들이 타인에게 재물을 주면서 대신 군인으로 복무하게 하는 일이 증가했죠. 초기에는 이런 행위를 나라에서 불법 행위로 간주하고 처벌했으나, 조선 중기 이후에는 단속을 포기하고 각 병영이나 관청이 직접 면포를 받고 군인을 고용했어요. 그 결과 조선 중기 이후 모든 양인은 군포 2필을 내는 것으로 군역을 대신하게 됩니다.

그러나 양반들이 나랏일을 하는 관료가 되기 위해 공부한다는 이유로 군포를 내지 않아서 일반 백성이 그 부족분을 채워야 하는 부작용이 나타났어요. 영조는 이 문제를 해결하기 위해 1년에 2필씩 내던 군포를 1필로 줄여 백성들의 부담을 줄여주고자 했어요. 이것을 균역법이라고 해요. 하지만 이 또한 완벽한 해결책은 아니었죠. 군포로 업무 비용을 충당하던 관청들이 재정 부족으로 업무를 수행하기 어렵다고 호소하기 시작합니다. 균역법의 시행으로 부족해진 세금이 무려 100만 냥에 달했거든요.

영조는 균역법으로 부족해진 재원을 어세·염세·선세·선무군관포 등으로 충당하도록 새로운 대책을 제시해요. 이것은 사회와 국가를 위해 소득이나 재산이 많을수록 더 높은 세율을 적용하는 누진세와 비슷한 개념으로 이해하면 됩니다. 예를 들어 선세船稅는 배를 소유한 사람에게 징수하는 세금이고, 선무군관포는 지방의 부유한 평민에게 부과한 세금이에요. 영조는 여기서 멈추지 않고 수령이 사사로이 쓰도록 묵인되던 토지에 세금을 청구하는 은여결세도 만들었답니다. 이 모두가 가난한 백성들에게 부담을 주지 않으려는 영조의 의지이자 노력이었죠. 이렇게 모은 세금을 운영이 어려운 관청에게 지급하기 위해 설치한 기관이 균역청이에요.

아이러니하게도 균역청을 신설하는 것은 관청을 지원하기 위해 또 다른 관청을 만든 거잖아요. 이에 대한 반발을 우려해서인지 균역청은 처음부터 정식 관청으로 시작하지 않았어요. 균역청 설립이 재정 부담을 가져오지 않는다는 사실을 보여 주기 위해 균역청 직원에게 별도의 월급을 주지 않고, 창고의 보수 비용 등 운영에 꼭 필요한 부분이 아니면 운영비를 지급하지도 않았어요. 사무실도 따로 만들지 않고 의료 관련 관청인 전의감이 쓰던 전각 한 편에 마련할 정도였죠.

하지만 영조의 중점 사업인 만큼 균역청은 얼마 후 '균역청'이라는 정식 명칭을 부여받아요. 권한과 역할도 커져서 균역청을 책임지는 도제조 3명은 반드시 영의정·좌의정·우의정이 겸직하도록 하고, 호조 판서가 제조 3명 중 1명이 되어 실무를 담당하도록 했어요. 이처럼 영조가 조세 개혁을 성공하기 위해 힘을 실어 주면서 균역청이 1년 동안 거둬들인 수입이 호조의 1년 예산을 넘어서게 됩니다. 그러나 경비 절감이라는 목적으로 설치된 만큼 중복되는 업무를 배제하기 위해 1753년에 선혜청으로 편입되어 활동합니다.

평시서

평시서는 고려 목종 때 수도인 개경의 시전을 관할하기 위해 설치했던 경시서에 기원을 두고 있어요. 여기서 시전이란 특정 상품에 대한 독점 판매권을 부여받는 상설 점포를 말해요. 대신 관아에서 필요로 하는 물품을 바쳐야 하는 의무가 주어졌어요. 조선을 건국한 태조 이성계도 한양으로 수도를 옮기면서 고려처럼 국가 경영에 꼭 필요한 물품을 확보하기 위해 시전을 설치합니다. 그러나 수도를 옮기는 과정에서 일부 시전 상인들이 물품의 무게나 부피를 측정하는 기구인 도량형기를 불법으로 조작하여 부당 이익을 추구하는 일이 벌어져요. 물가를 고의로 올리거나 낮추면서 시세 차익을 얻기도 했죠. 당연히 이런 잘못을 그냥 두어서는 안 되겠죠. 그래서 시전과 상인들이 도량형기를 조작하지 못하도록 단속하는 관청인 경시서를 설치합니다. 이후 경시서의 중요성이 더욱 커지자 세조는 평시서로 이름을 바꿔 힘을 실어 주었어요. 이후 시전 사람들은 평시서 관원을 '상인의 호랑이'라고 부르며 두려워하게 됩니다.

평시서의 가장 중요한 업무는 시전을 감독하는 일이에요. 시전이 평시서에 허가받지 않은 물품을 판매하면 처벌을 내렸어요. 다시 말하면 시전 상인들은 평시서가 발급한 허가장이 없으면 절대로 물건을 판매할 수 없었죠. 이렇게 평시서에서 시전을 통제한 것은 상인들의 불법적인 행위를 막아 백성들이 안정적으로 경제 활동을 할 수 있도록 보장하기 위해서였답니다. 대신 시전 상인에게도 신변의 안전과 이익을 보호해 주는 여러 혜택을 부여했어요. 다른 관청에서 시전 상인을 체포할 때는 반드시 평시서에 문서를 보내 사실을 알리도록 했고, 평시서에 허가받지 않고 장사하는 상인, 즉 난전[24]을 단속하고 처벌할 수 있는 권한인 금난전권을 마음 놓고 행사할 수 있게 했어요.

평시서는 도량형기를 속이는 일도 단속했어요. 지금이야 기술이 발전하여 전자저울 등으로 무게나 부피를 속이기 어렵지만, 과거에는 마음만 먹으면 얼마든지 속일 수 있었거든요. 그래서 평시서 관원은 낮과 밤의 길이가 같아지는 추분이 되면 시전에 나가 도량형기를 살피고는 합격 도장을 찍어 주었어요. 이런 활동을 펼쳤기에 물건을 사는 사람들은 도량형기에 찍힌 평시서 도장을 본 다음에야 안심하고 거래를 이어갈 수 있었다고 합니다. 이외에도 추수기에 쌀을 매입하여 저장해 두었다가 먹을 것이 가장 부족한 봄이 되면 곡물을 방출하여 물가를 조절하기도 했어요. 마치 오늘날 자연재해로 배추나 무 가격이 폭등하면 정부에서 비축해 놓았던 것을 방출하여 가격을 조절하는 것처럼 말이죠. 그런 점에서 조선이 굉장히 체계적이고 발전된 나라였음을 느낄 수 있습니다.

그러나 평시서가 존재했던 가장 큰 이유는 조선이 농업 위주의 국가 체제를 유지하기 위해서였어요. 조선이 건국될 무렵

24) 국가의 허가를 받지 않고 물건을 팔던 상인이나 상행위

중국 명나라가 쇄국 정책을 펴면서 고려 시대와 달리 자유롭게 교역할 수 있는 길을 잃게 됩니다. 이것은 국가 경영에 필요한 재원을 마련하는 데 있어 상공업이 차지하는 비중이 줄어들고, 농업의 비중이 커지는 결과를 가져왔어요. 내부적으로도 상공업보다는 농업이 여러모로 장점이 많았죠. 상인은 거래량과 수익을 파악하기 어려웠고, 더욱이 여러 곳을 이동하기에 세금을 징수하기 어렵다는 단점을 가지고 있어요. 반면 농업은 일 년 수확량을 확인하기도 편리하고, 씨를 뿌리고 수확하기 위해 한 장소에서 머물기 때문에 세금 징수도 수월하다는 장점이 있어요. 그래서 평시서가 존재한 가장 큰 이유는 농업 위주의 국가를 유지하며 상인들을 통제하는 역할을 하기 위함이었답니다.

예조(禮曹)

문과는 예조에서 주관하고, 예문관과 집현전이 같이 시험하며, 생원(生員)도 또한 예조에서 주관하고, 성균관이 같이 시험한다.

-『세종실록』

◈ 예조의 기능과 변천

예조는 고려 시대인 982년 당나라의 제도를 참고하여 설치된 예관으로 시작된 관청이에요. 이후 상서예부로 이름이 바뀌었다가 원나라 간섭기 전리사에 통합됩니다. 이후 의조, 예부, 예의사 등으로 이름이 변경되다가 공양왕 때인 1389년 이후 조선 시대까지 계속 예조로 불리게 됩니다. 세종은 즉위 이후 이조와 호조에 이어 예조를 세 번째 중요한 관청으로 승격시키며 많은 권한과 책임을 부여해요. 예조가 인사와 재정을 다루는 이조와 호조에 이어 다음으로 중요한 위치를 차지한 것은 조선이 성리학에 의거하여 국가를 경영한 나라이기 때문이에요. 더불어 명나라와 원만한 관계를 유지하기 위해서도 예조의 역할은 매우 중요했고요.

예조가 성리학과 명과의 외교에 어떤 일을 담당했기에 중요한 위치를 차지했는지 궁금하시죠? 일반적으로 생각하면 군대를 운영하며 국방을 책임지는 병조가 국가 운영에 더 중요할 것 같은데 말이죠. 성리학에서 예禮는 사회적 규범과 질서를 통해 사람들의 행동을 바로잡는 중요한 요소로 봐요. 예를 갖추었을 때 가족과 사회에서 발생할 수 있는 갈등이 해소되어 통합이 이루어진다고 본 거죠. 더 나아가 명나라와 불편하지 않은 관계를 만드는 데 있어서도 예가 꼭 필요했어요. 명나라는 사대 질서를 강조하면서 자신들을 얼마나 우대하고 떠받드는

지를 가지고 주변국에 대한 태도와 정책을 결정했으니까요.

예만큼이나 중요하게 여긴 것이 음악이에요. 사람의 감정과 마음을 내적으로 순화하고 조화롭게 만들어준다고 봤거든요. 겉으로는 예禮를 갖추고 속으로는 음악樂으로 덕을 쌓은 사람이 많아지면 태평성대가 이루어진다고 보았죠. 이런 이유로 예조를 매우 중요하게 생각하며 힘을 실어 주었답니다.

예조는 크게 음악, 제사, 외교, 국가 행사, 학교 운영, 과거제 운영 등 담당하는 업무의 범위가 굉장히 넓고 복잡해요. 그런데 예조에서 실제 업무를 담당하는 소속 관청인 속아문은 계제사, 전향사, 전객사 3개뿐이었어요. 계제사稽制司는 각종 의식과 제도, 조회와 경연, 역사 기록, 학교 운영과 과거 시험 주관, 명령이나 문서를 공식화하기 위해 사용한 인장도장과 책봉문, 천문 관측, 왕과 왕족 또는 신하의 장례 등을 담당했어요. 전향사典享司는 각종 궁중 연회, 제사와 제물, 음식물, 의약 등을 담당했고요. 마지막으로 전객사典客司는 중국과 일본 사신을 비롯하여 여진족 추장 등을 영접하는 데 필요한 연회와 선물을 준비하는 일을 담당했어요. 한정된 인원으로 많은 일을 수행해야 하는 예조의 관원으로 살아간다는 것은 참으로 어려운 일이 아니었을까 싶어요.

〈예조〉

* **다른 이름** 남궁, 춘관, 의조
* **담당 업무** 나라의 예절·음악·제사와 잔치, 외교, 국가 행사, 학교 운영, 과거 시험에 관한 일
* **관원** 판서, 참판, 참의, 정랑 3명, 좌랑 3명(정6품)
* **하급 관청** 계제사, 전향사, 전객사
* **속아문** 홍문관, 예문관, 성균관, 춘추관, 승문원, 통례원, 봉상시, 교서관, 내의원, 예빈시, 장악원, 관상감, 전의감, 사역원, 세자시강원, 종학, 소격서, 종묘서, 사직서, 빙고, 전생서, 사축서, 혜민서, 도화서, 활인서, 귀후서, 사학 및 여러 전·릉

예조의 속아문

계제사, 전향사, 전객사만으로는 예조의 복잡하고 다양한 일을 수행하지 못했을 거라 쉽게 짐작되죠. 그래서 예조의 다양한 업무를 수행하는 소속 관청이 여럿 존재했어요. 그럼 예조의 소속 관청은 무엇이 있었고, 어떤 일을 담당했는지 살펴볼까요.

성균관成均館은 인재 양성을 위해 설립한 국립 교육 기관이에요. 고구려 태학, 신라 국학, 고려 국자감이 있다면, 조선을 대표하는 교육 기관인 성균관은 교육 기능 외에도 유학의 시조인 공자를 모시는 곳이기도 해요. 성균관 유생이 되려면 양반 자제로 생원시 또는 진사시에 합격하거나 별도의 입학시험에 응시하여 합격해야만 했어요. 성균관 유생이 되어 성균관에서 300일을 머물면서 공부하면 3년마다 열리는 과거 시험인 식년

시 외에도 수시로 열리는 특별 시험에 응시할 수 있는 특권이 주어졌어요. 이런 특혜가 부여된 것은 성균관이 최고의 인재를 양성하는 교육 기관이라는 것을 국가가 인정한 결과였죠. 실제로도 뛰어난 능력을 갖춘 인재가 입학한 만큼 이곳에서 학습한 유생 대다수는 관료가 되었어요.

춘추관春秋館은 조정에서 일어나는 모든 일을 기록하는 관청이에요. 이곳에서 근무하는 관리를 '사관'이라고 하는데, 이들은 승정원·홍문관·예문관·의정부의 관직을 겸임했답니다. 사관은 직급이 낮아도 왕과 고관 대신들이 정책을 논의하고 결정하는 자리에 꼭 참석했어요. 이들은 조정에서 일어난 모든 일을 사초[25]로 남기고, 필요한 부분을 추려 기록한 시정기를 만들어 춘추관에 제출해요. 또한 자기 생각이 반영된 인물평도 개인적으로 보관했다가 왕이 죽으면 춘추관에 제출했어요. 그렇게 해서 만들어진 결과물이 1,893권 888책에 달하는 『조선왕조실록』이에요.

예문관藝文館은 왕의 명령을 받아 나라에 필요한 글을 짓는 곳으로 고려 시대 왕명과 국사 편찬을 담당하던 예문춘추관을 계승한 관청이에요. 조선이 건국된 직후에는 예문춘추관이었다

25) 왕의 언행과 국정 운영에 관한 모든 사실을 매일 기록한 원고로 왕의 곁에서 작성한 입시 사초와 집에서 개인적으로 작성한 가장 사초로 나뉜다.

가, 태종이 예문관과 춘추관으로 분리시키면서 왕의 지시를 신하나 관청 등에 보내는 문서인 교서만 담당하게 됩니다. 그러나 세조가 집현전을 폐지하고 난 후에는 예문관이 학문 연구와 인재 양성까지 도맡으면서 해야 하는 업무가 크게 증가해요. 결국 과중한 업무로 본래의 업무를 제대로 수행하지 못하는 등 여러 문제가 발생하자, 성종은 예문관을 왕의 교서만 전담하게 하고는 나머지 업무를 홍문관으로 넘겨요.

봉상시奉常寺는 신라 관청인 전사서에 기원을 두고 있는데, 국가의 제사나 시호를 논의하여 정하는 일을 담당한 관청이에요. 역대 왕과 왕비의 신위가 모셔진 종묘에서 정기적으로 지내는 제사인 종묘제향과 관련된 모든 행정적인 일을 담당했어요. 그러나 조선 후기로 올수록 예조가 종묘제향을 주관하면서 봉상시는 보조하는 성격으로 축소됩니다. 또한 국왕을 제외한 재상이나 뛰어난 유학자의 공덕을 기리기 위해 시호를 정하는 일도 봉상시가 담당한 일이에요.

통례원通禮院은 고려의 기관을 계승하여 왕과 신하가 아침에 모여 국정을 논의하는 조회와 의례를 담당한 관청이에요. 합문, 통례문으로 불린 통례원이 주관한 의례는 가례, 길례, 흉례, 군례, 빈례로 이를 오례라고 합니다. 여기서 가례는 왕실 혼례와 책봉, 길례는 제사, 흉례는 왕과 왕비가 지켜야 하는 장례 절차와 예법, 군례는 군대와 관련한 의식과 예절, 빈례는 외국 사신에게 예를 갖추어 접대하는 의식을 말해요. 그렇다고 통례원이 의례를 총괄했다고 오해하면 안 됩니다. 통례원이 하는 일은 의식의 순서가 적힌 글을 큰 소리로 읽는 거니까요. 참여하는 사람 모두가 정확하게 의식 순서를 듣기 위해 통례원 관원은 목청이 크고 발음이 정확해야 했죠.

예빈시禮賓寺는 사신을 접대하거나 궁궐에서 진행하는 의식에서 사용되는 음식물과 물품을 공급하는 관청이에요. 신라 진평왕 때 설치된 영객부를 기원으로 하지요. 예빈시에 소속된 관원은 음식을 만드는 일만 하는 것이 아니라, 음식 재료로 쓰이는 닭이나 돼지 같은 짐승을 직접 기르기도 했답니다.

종묘서宗廟署는 종묘와 왕릉을 관리하고 지키는 일을 담당하던 관청이에요. 왕과 왕비의 무덤인 능과 후궁의 무덤인 원을 관리하는 만큼 넓은 지역을 담당했어요. 조상을 섬기는 효를 나라를 운영하는 근간으로 삼았던 조선인 만큼 종묘를 관리하는 일은 매우 중요한 일이었어요.

사직서社稷署는 토지를 관장하는 신과 곡식을 주관하는 신에게 제사를 지내는 사직단을 관리하는 관청입니다. 조선이 한양으로 수도를 옮기면서 사직단을 설치했는데, 농업을 나라를 경영하는 근간으로 삼은 만큼 종묘와 더불어 사직은 매우 중요한 곳이었답니다. 그래서 사직은 종묘와 함께 조선과 동일시되는 용어로 사용되었어요. 사직단은 음력 1월과 7월에 호조·공조·

예조의 관리들이 함께 꼼꼼하게 살피고, 문제가 생기면 운이 좋은 날을 택해 예조·호조·공조 삼 판서와 제조가 함께 감독하여 해결했답니다.

소격서昭格署는 도교의 영향을 받아 인간 세상에 영향을 준다고 생각하는 여러 별에 제사를 지내는 일을 담당했어요. 조선이 유교 국가를 표방했던 만큼 세종은 고려 때 운영하던 소격전보다 권한과 기능을 축소 운영했어요. 그렇지만 아주 오랜 세월 나라의 경사나 재난이 있을 때마다 도교식 제사를 올리며 안녕을 빌어왔던 만큼 중단하지는 않았어요. 지금까지 해오던 것을 하지 않으면 혹여라도 좋지 않은 일이 벌어지지는 않을까 걱정되는 마음은 왕실 사람들도 예외는 아니었으니까요. 하지만 시간이 흘러 성리학이 일상생활에 뿌리를 내리자 유학자들은 소격서를 폐지하자고 주장했어요. 결국 중종 때 조광조의 강력한 주장으로 소격서가 없어집니다. 그렇지만 조광조가 중종의 미움을 받아 기묘사화 때 죽자 소격서는 부활해요. 하지만 성리학의 나라인 조선에서 명맥을 유지하기 어려워 임진왜란 이후 완전히 폐지됩니다.

내의원內醫院은 왕의 병을 치료하는 데 필요한 약을 조제했어요. 이외에도 국왕과 왕실 가족을 진료하고, 의약과 관련된 행정을 처리한 관청이에요. 평소 잦은 병치레로 아팠던 세종은 자신의 건강을 위해 전의감에 설치된 내약방을 내의원으로 명칭을 바꾸고는 궁궐 안의 의료 기관으로 독립시켜요. 아무래도 왕의 건강을 책임지는 약을 조제하는 만큼, 내의원은 반드시 약의 독성과 안정성을 검증하기 위해 하급 신하에게 임상시험을 하고 난 뒤 약을 올리도록 했습니다.

전의감典醫監은 고려의 제도를 계승한 관청으로 의료에 관련된 모든 일을 총괄했어요. 왕의 건강을 챙기는 내의원이 별도로 운영되면서 전의감의 역할과 권한이 약화되지만 사라지지는 않았어요. 관리들의 건강을 챙기는 일도 매우 중요했기 때문이죠. 전의감은 왕실과 관리를 진찰하고, 약을 조제하여 배분하는 일 외에도 직접 약재를 키우고 의관을 선발하는 일도 맡았답니다. 그러나 19세기 말 서양 의술이 보급되면서 점차 역할이 감소하다 사라졌어요.

혜민서惠民署는 백성들의 질병을 치료하고 구휼하기 위해 고려의 제도를 계승해 설치한 관청이에요. 세조 때 혜민서로 이름이 바뀐 이후에도 아픈 백성을 치료하고, 의료 혜택을 받기 어려운 사람을 도왔어요. 약을 판매하거나 약값을 표준화시키는 역할도 했지요. 이뿐만이 아니라 의녀를 교육하고 양성해서 왕실 여인이나 부녀자들의 질병을 담당하도록 했답니다.

활인서活人署는 고려 시대 병든 사람과 빈민을 구휼하기 위해 설치되었던 동서대비원을 계승한 관청이에요. 동소문과 서소문 밖에 설치된 활인서는 혜민서와 업무 영역이 겹치는 부분이 많지만 분명 차이도 있어요. 활인서는 혜민서와는 달리 오갈 데 없는 유랑민을 수용하고, 전염병이 발생하면 환자를 받아 치료했거든요. 사망자가 발생하면 매장까지 하고요. 이때 활인서는 의관 외에도 무녀와 승려도 동원하여 백성을 도왔어요. 두 관청이 하는 일이 겹치니 이해하기 어렵죠. 표를 보면 이해가 쉬울 거예요.

	혜민서	활인서
담당 업무	의료, 의료 행정, 인력 양성	구휼·격리·매장 등 보건 구호
전염병 발생시	의약품 지원 및 진료	진료 및 격리와 매장
시설 위치	도성 내	도성 밖

예조와 비슷한 대한민국 정부 기관

조선(왕정 국가)	대한민국(공화국)
예조	교육부, 외교부, 문화체육관광부, 보건복지부

다양한 업무를 수행한 예조와 비슷한 대한민국 정부 기관은 교육부, 외교부, 문화체육관광부, 보건복지부가 있어요.

우선 1948년 문교부로 시작한 교육부는 미래를 이끌어 갈 인재를 육성하는 매우 중요한 기관으로 교육부 장관은 부총리의 역할도 수행합니다. 교육부는 국가의 교육과 관련된 모든 사안을 담당하며, 국가의 교육 정책을 수립하고 실행하는 일을 해요. 이를 위해 교육과 관련된 정책을 연구하고 평가하여, 국가의 교육 이념과 목표에 맞는 법과 제도를 제정하고 관리하죠. 또한 교육과 관련된 예산을 편성하고, 학교들의 운영을 지원하며, 교육과정과 교재를 개발하고 관리한답니다. 이것만이 아니에요. 모든 국민의 행복한 삶을 위해 평생 교육을 지원하고, 학문 발전과 새로운 지식 창출을 위해 아낌없는 지원을 해요. 더 나아가 대한민국의 교육을 전 세계 사람들과 공유하며 인류 모두가 발전해 행복할 수 있도록 지원한답니다. 이런 점에서 서원과 향교 등 교육 기관을 지원하여 우수한 인재를 육성한 예조와 매우 비슷하다고 볼 수 있어요.

교육부와 마찬가지로 1948년 외무부로 시작한 외교부는 국제 사회에서 대한민국이 강하고 평화로운 나라를 유지하고 발전하도록 세계에 알리는 기관이에요. 외교부가 하는 일은 크게 세 가지로 나누어 볼 수 있어요. 첫째, 지속적인 외교를 통해 세계 각국과 우호를 쌓아 협력하는 관계를 만들기 위해 노력합니다. 둘째, 한반도와 동북아 내 평화와 안정을 추구하고, 지역 및 다자협력을 통해 국제 평화와 번영에 기여해요. 셋째, 재외 동포 740만, 해외여행객 2,000만 시대인 만큼 동포의 권익 보호 증진과 해외에서의 국민의 안전과 편의를 위해 노력하고 있어요. 이를 위해 외교 정책을 수립하고 시행하며, 조약 및 국제 협정에 관한 사무를 관장합니다. 또한 문화 협력과 대외 홍보, 국제 정세 조사와 분석, 이민에 관한 사무, 대외 경제 관련 외교 정책의 수립과 시행 등 많은 일을 해요.

외교부 본부는 전 세계에 위치한 재외 공관을 지휘하며 우리나라의 외교 정책을 수립해요. 여기서 재외 공관은 해외에서 우리나라를 대표하여 각종 외교 활동과 재외국민을 보호하는 업무를 수행하고 있어요. 참고로 한국에 있는 외국 공관을 '주한 공관'이라고 부른답니다. 다시 돌아가서 재외 공관은 대사관, 총영사관, 대표부로 구성되며 약 180여 개가 운영되고 있습니다. 대사관은 세계 각지에서 대한민국을 대표하는 작은 정부로서 경제협력, 국민 보호, 문화 홍보 등 업무를 수행합니다. 총영사관은 해외에 있는 우리 국민을 보호하고 양국 간의 우호 관계를 촉진해요. 마지막으로 대표부는 UN 등 국제기구에서 우리나라를 대표하여 국익을 증진하는 일을 합니다.

인간은 혼자서는 사람답게 살 수 없고, 여러 사람과 어울려 살아야 인간답게 생활할 수 있어 사회적 동물이라고 하죠. 이것은 국가에도 그대로 적용돼요. 다른 나라와 경쟁하면서도 협력해야만 국가가 유지되고 발전할 수 있어요. 과거 조선이 자주성과 평화를 지키기 위해 주변국과의 외교에 많은 노력을 기울였던 것처럼 오늘날 외교부도 많은 노력을 하고 있어요. 외교가 국가의 이익을 위해 평화적인 방법으로 외국과의 관계를 유지하고 발전시켜 나가는 활동이라는 점에서 조선 시대나 지금이나 외교를 담당하는 예조와 외교부의 역할은 매우 중요하답니다.

문화체육관광부는 오늘날 조금은 생소하게 들리는 '공보처'라는 이름으로 1948년 시작했어요. 공보처라고 하면 어떤 일을 담당하는지 바로 떠오르지 않지만, 문화체육관광부는 이름만 보고도 무슨 일을 하는지 쉽게 짐작되죠. 기관명에서 드러나는 문화·예술·영상·광고·출판·간행물·체육·관광 업무 외에도 국정에 대한 홍보 및 정부 발표에 관한 사무를 총괄하는 기관이 문화체육관광부입니다.

이런 업무들이 과거 예조가 음악과 행사를 통해 백성들의 마음을 다독여 주고, 자긍심을 심어 주었던 것과 비슷하다고 할 수 있어요. 더 나아가 일본을 비롯한 주변 여러 나라가 조선의 예악을 보고 놀라움을 감추지 못하며 부러워했던 것처럼 문화체육관광부의 지원 아래 많은 예술인과 체육인들이 대한민국의 위상을 드높이고 있어요. 문화체육관광부가 우리에게 한국인이라는 자긍심을 갖게 해 준다는 점에서 예조를 계승하고 있다고 봐도 괜찮지 않을까요.

내의원, 전의감, 혜민서, 활인서 등의 업무를 담당하고 있는 기관은 보건복지부입니다. 1948년 사회부로 시작하여 보건부, 보건복지가족부 등 여러 명칭으로 불린 보건복지부는 국민의 삶의 질을 높이기 위해 많은 일을 해요. 대표적으로 가난하고 어려운 사람들에게 생활, 교육, 의료, 주거에 필요한 돈을 지원해 주는 국민 기초 생활 보장을 담당합니다. 이 과정에서 각자의 상황에 맞게 효율적이고 효과적인 지원이 되도록 맞춤형 지원을 합니다. 또한 위급한 질병 또는 화재로 집을 잃은 사람에게 돈을 지원해 주는 긴급 복지 지원 제도를 운영하고, 도움이 필요한 사람에게는 여러 서비스를 제공하기도 해요. 예를 들어 혼자 생활하기 어려운 장애인과 노인을 돕고, 출산한 지 얼마 되지 않은 산모를 방문해 건강 관리를 해 줍니다. 저소득층에게는 가사 및 간병 서비스를 제공하거나 전기와 도시가스 등을 이용할 수 있도록 지원하죠.

이외에도 국민이 다양한 의료서비스를 안전하게 누릴 수 있도록 국가시험에 합격한 사람에게만 면허와 자격을 주어 병원에서 근무하도록 하고, 의료 사고가 발생했을 때 '의료 분쟁 조정 제도'를 통해 적절한 손해 배상을 받을 수 있도록 도와주는 일도 합니다. 늦은 밤이나 새벽에 갑자기 아프거나, 사고를 당했을 때, 접근하기 어려운 지역의 환자가 빠르게 치료받을 수 있게 응급 의료 체계를 구축하는 일도 하고 있어요.

질병 예방, 진단, 치료, 재활 등 국민의 건강과 관련된 서비스에 대하여 보험 급여를 실시하는 건강 보험도 보건복지부가 하는 일이에요. 건강 보험의 경우 근로자, 사용자, 공무원, 교직원은 직장 가입자로, 농어촌 주민과 자영업자 등은 지역 가입자로 구분하여 운영합니다. 이때 직장 가입자는 근로자가 일하면서 받는 월급을 기준으로 보험료율을 적용하여 계산된 금액을 가입자와 사용자가 반씩 부담해요. 지역 가입자는 소득과 보유한 재산, 자동차를 고려해 보험료를 계산해요.

보건복지부는 대한민국 저출산과 고령 사회 진입으로 나타나는 문제점을 해결하기 위해서도 많은 노력을 기울입니다. 저출산의 경우, 2022년 기준 출산 가능 여성이 낳을 것으로 기대되는 아이의 수는 0.78명으로 국제 경제 협력 기구OECD 회원국 평균인 1.58명보다 크게 미달하고 있어요. 반면, 65세 이상 노인 인구의 비율은 2022년 기준 17.5%로 조만간 초고령 사회로 진입할 것으로 예상되고 있죠. 이것이 대한민국의 존폐 여부와 깊은 관련이 있는 만큼 보건복지부는 임신·출산 지원, 보육 확대, 일 가정 양립 제도 도입, 소득 보장 강화, 노인 의료비 지원 확대, 고령 사회 대비 등 여러 정책을 펼치고 있어요.

조선도 500년간 국가를 운영하는 데 있어 인구 증가를 제일 우선 과제로 삼으며, 노인을 공경하는 효문화를 강조하는 등 여러 정책을 폈어요. 예를 들어 인구를 늘리는 데 성공한 수령에게는 충분한 보상이 주어졌지만, 인구가 감소한 경우에는 처벌이 내려졌죠. 노인에게는 세금을 면제해 주는 등 여러 혜택을 주었고요. 그런 점에서 보건복지부는 조선의 제도를 계승한다고 볼 수 있겠네요.

〈교육부 주요 업무〉

* 국가 교육 정책 수립
* 예산 편성 및 학교 지원
* 평생 교육 및 학문 지원
* 국제 교육 교류

〈외교부 주요 업무〉

* 외교 정책 수립
* 조약 및 국제 협정
* 국제 홍보 및 조사

〈문화체육관광부 주요 업무〉

* 문화·예술 진흥
* 해외 문화 홍보
* 콘텐츠 산업 지원
* 저작권 보호
* 국민 소통
* 체육 진흥
* 관광 활성화

〈보건복지부 주요 업무〉

* 국민 복지 증진
* 보건 및 의료 관리
* 사회 보험 운영
* 저출산·고령 사회 대응

◈ 역사 속 예조와 주요 인물

| 예조 판서를 15년 재임한 신숙주

신숙주1417~1475는 단종이 폐위되고 죽는 과정에서 역사의 배신자로 낙인찍혀 많은 비난을 받아왔어요. 그러나 그가 세종부터 성종까지 6명의 국왕을 모시는 동안 이루어 낸 업적은 정말 대단했습니다. 이는 신숙주의 타고난 실무적 능력과 정치적 감각도 있지만, 여러 관청에서 다양한 일을 하며 얻은 경험도 큰 몫을 했어요. 특히 예조 판서로 15년간 재임하면서 큰 나라를 받들어 섬기고 이웃 나라와 잘 지내는 사대교린의 외교 원칙 아래 조선에 평화와 안정을 가져왔답니다. 세조가 "당 태종에게 위징[26]이 있었다면, 나에게는 신숙주가 있다."라고 자랑할 정도였죠.

신숙주는 인품이 훌륭하고 모든 일에 성실했어요. 예를 들어 관리가 되었을 때 이조의 담당 관리 실수로 오늘날 공무원증이라고 할 수 있는 첩牒을 받지 못했어요. 이를 알게 된 사헌부가 담당 관리를 그만두게 하자, 신숙주는 "그 관리는 첩을 전달했지만, 내가 나가지 않은 것입니다."라며 그를 감싸주었죠. 그로 인해 담당 관리는 복직했지만, 정작 신숙주는 파면당하고 맙니다. 하지만 신숙주의 선행이 주변에 알려지면서 2년 후에 복직

26) 당나라 태종에게 직언하던 충신

▲ 신숙주 초상

하게 돼요. 집현전 부수찬으로 있을 때 새벽까지 책을 읽다 잠든 신숙주를 본 세종이 자신이 입고 있던 용포를 벗어 덮어 주었다고 하죠. 이처럼 늘 성실한 자세로 일하는 모습을 보이며 세종의 총애를 받게 됩니다.

신숙주가 예조에 배속되어 한 일을 살펴볼까요. 『조선왕조실록』에 신숙주는 '오랫동안 예조를 관장하였으며 사대교린을 자신의 소임으로 삼아 사명[27]이 그의 손에서 많이 나왔다.'라는 기록이 있어요. 신숙주는 명나라 학자 황찬을 찾아가 자문받는 등 꾸준한 노력으로 각 분야의 전문가들도 혀를 내두를 만큼 방대한 지식을 가지고 있었답니다.

신숙주는 조선을 넘어 중국에서도 유명했어요. 한 예로 명나라 사신 예겸은 자신이 시문에 매우 뛰어나다며 연신 조선을 깔보며 오만을 떨다가, 신숙주와 학문을 나눈 뒤에는 다시는 건방진 모습을 보이지 않았어요. 오히려 신숙주를 동방에서 가장 학식이 뛰어난 사람이라는 뜻을 가진 '동방거벽'이라 부르며 의형제를 맺자고 요청할 정도였죠. 또한 신숙주는 중국어·일본어·몽골어·여진어 등 8개 국어를 능숙하게 구사할 수 있었어요. 통역하는 사람 없이도 명확하게 의견을 조율할 수 있으니 예조에 특화된 인물이라고 할 수 있겠네요.

27) 사신이나 사절이 받은 명령 또는 맡겨진 임무

통신사의 일원으로 일본에 간 신숙주는 뛰어난 외교 수완으로 목표했던 성과를 이루는 것도 모자라 왜구에게 붙잡혀 간 조선인들을 데리고 돌아와요. 귀국 후에는 이때의 경험을 바탕으로 일본의 정치 세력의 형세, 병력, 지리, 풍속만이 아니라 지도까지 삽입하며 일본을 자세하게 설명하는 『해동제국기』를 저술해요. 책의 마지막 구절에는 일본과 우호적으로 지내는 것이 조선에 도움이 된다고 강조합니다. 그 결과 조선은 일본에 관한 정보를 바탕으로 일본과 큰 마찰없이 지내며 평화롭게 지낼 수 있었어요.

그러나 신숙주가 예조 판서로 조선의 안정과 평화를 위해 노력하는 모습을 비판하는 사람도 많았어요. 일본에게 주는 것에 비해 얻는 것이 적다고 말이에요. 하지만, 신숙주는 이런 비판에 "사람과 교제하는 것이 말로는 쉬운 일이지만 실제로는 어려운 일이다. 항상 진심 어린 지극 정성만이 상대를 감동시킬 수 있다. 외교도 마찬가지이다. 우리가 얻기 위해서는 먼저 많이 주어야 하는 것이다."라고 대답합니다. 신숙주는 병으로 누워 있던 중 성종이 찾아오자 "일본과 화친 관계를 잃지 마십시오."라고 당부해요. 죽는 순간까지 조선의 평화를 지키기 위한 외교에 얼마나 진심이었는지를 보여 주었죠.

하지만 안타깝게도 신숙주가 일본을 갔다 온 뒤 조선은 100여 년간 한 번도 일본을 방문하지 않아요. 이후의 왕과 관료 모두가 신숙주처럼 국제 사회의 흐름을 읽으려는 의지와 식견이 없었던 거죠. 그 결과는 매우 참혹했어요. 오랜 내전을 종식한 일본 도요토미 히데요시의 조선을 침략하려는 의도를 몰라서 임진왜란을 맞게 되니까요. 이후 훈련도감에서 신숙주의 『해동제국기』를 간행하여 일본의 재침략을 경계하고, 일본 에도막부에 통신사를 파견하여 일본의 정세를 살핍니다. 이 모든 바탕에 『해동제국기』가 있었다는 점에서 신숙주의 외교적 식견과 능력이 얼마나 대단했는지를 확실하게 알게 해 주네요.

| 진상품을 빼돌린 예조 판서 이호민

임진왜란이 일어나자 선조를 의주까지 호위하고, 명나라에 군사적 지원을 요청하여 국난을 이겨내는 데 크게 공헌한 이호민1553~1634이 있어요. 죽은 뒤에는 청렴한 생활을 인정받아 곧고 깨끗한 관리를 일컫는 청백리에 오르기도 한 이호민은 예조 판서로 있을 때 왕에게 진상하는 물건을 허락도 없이 백성에게 나누어 준 일이 있었어요. 특히나 이 시기가 전쟁 중이었던 만큼 진상품을 사사로이 사용한다는 것은 자칫 목숨을 잃을 수도 있는 매우 위험한 일이었죠. 그러나 이호민의 행동은 전쟁으로 각박해진 세상이라도 사람답게 행동하는 것이 얼마나 중요한지를 알려 주었지요.

이호민이 꿀과 고기 등 여러 진상품을 나누어 준 인물은 대

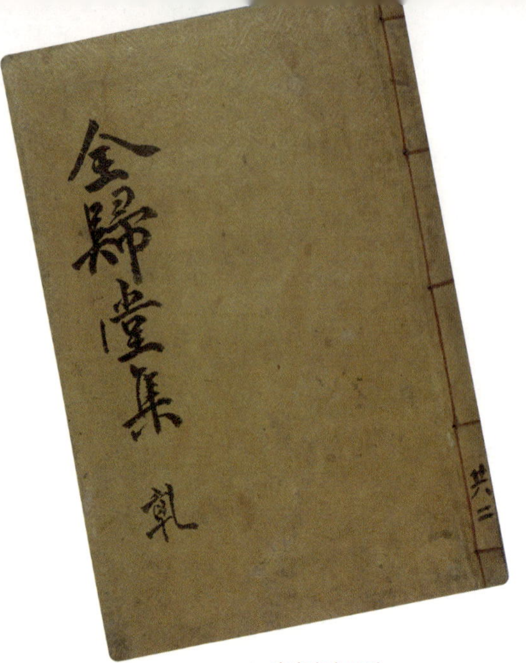

▲ 서시립의 문집
출처: <전귀당유집>, 한국민족문화대백과사전

구에 사는 서시립이라는 청년이었어요. 1592년 4월 13일 조선을 침략한 일본군은 거침없이 북쪽으로 올라오며 많은 조선인을 학살했어요. 일본군에 맞서 싸워야 할 관군이 먼저 도망친 결과였죠. 그래서 많은 사람이 자신이 살아가는 마을과 국가를 위해 일본군에 맞서 싸웠어요. 이들을 우리는 '의병'이라고 부릅니다. 서시립의 할아버지와 아버지도 의병이 되어 집을 떠나자, 가족의 생명과 생계를 책임지는 일이 10대 중반의 어린 서시립에게 주어졌어요.

지금으로 따지면 중학생에 불과했지만, 그의 행동은 여느 어른보다도 책임감 있고 성숙했어요. 본인도 몹시 무서웠을 상황에서 침착함을 잃지 않고, 거동이 불편한 할머니와 어머니를 일본군이 접근하기 힘든 매우 가파른 곳에 자리한 사찰로 모셔요. 하지만 깊은 산속이라 먹을 것이 하나도 없는 상황이었기 때문에 고령의 나이로 험난한 산을 오르며 병약해진 할머니가 제일 크게 걱정되었어요.

서시립은 대구 곳곳에서 일본군이 재물을 빼앗고 사람을 죽이는 무서운 상황임을 너무도 잘 알았지만 조금의 망설임도 없이 마을로 내려가요. 자신의 안위보다는 할머니와 어머니를 위해 식량을 구하는 것이 더 중요했거든요. 일본군의 눈을 피해 빈집에 들어가 먹거리를 찾던 서시립은 여러 차례 위기를 겪기도 했지만, 단 한 번도 마을로 내려온 것을 후회하거나 망설이지 않았어요. 일본군이 휴전 협상으로 대구에서 물러난 뒤에도 서시립의 효행은 변함이 없었어요. 치아가 빠져 음식을 씹지 못하는 할머니를 위해 아이를 낳은 여인들을 찾아가 젖동냥을 했어요. 서시립의 효행이 사람들의 입소문을 타면서 대구에서 서시립의 효행을 모르는 이가 없을 정도로 유명해져요.

1597년 휴전 협상이 결렬되고 일본이 정유재란을 일으키자, 서시립은 가족을 위해 부산 동래까지 걸어가서 먹을 것을 구해 왔어요. 거리도 거리지만, 부산에 간다고 해서 먹을 것을 구할 것이라고 장담할 수도 없는 힘든 일이었어요. 이때는 오랜 전란에 기근까지 겹쳐서 굶어 죽는 사람을 어렵지 않게 보던 시절이었거든요. 더욱이 경상도 대부분 지역이 일본군에 점령당한 상황이어서 언제든 붙잡혀 일본에 끌려가거나 죽임을 당할 수 있었어요. 그러나 서시립은 한 번도 불평불만을 표시하지 않았으며 가족을 부양하는 일 또한 멈추지 않았어요.

마침 광해군의 태실[28]과 관련하여 대구에 내려왔던 이호민은 서시립의 효행을 듣고 깊은 감동을 받아요. 오랜 전쟁으로 힘들어하는 많은 사람에게 용기와 희망을 주기 위해서라도 서시립의 효행이 널리 알려져야 한다고 생각한 이호민은 왕에게 진상하려던 꿀과 고기를 그에게 나눠 주며 칭찬했죠. 동시에 광해군에게는 서시립의 집을 '전귀당全歸堂'이라고 부르면 좋겠다고 건의해요. 전귀란 부모에게 받은 몸을 소중히 여기며 간직하고 살다가, 죽을 때 온전하게 부모에게 돌려 주어야 한다는 뜻으로 효심을 표현하는 단어예요. 즉, 서시립이 어느 누구보다도 성심성의껏 부모를 봉양했다는 사실을 많은 이들이 알기 바라는 마음이 담겨 있는 것이었죠. 훗날 숙종도 서시립의 효심을 가르치기 위해 설립한 백원 서원에 직접 현판을 하사하며 여러 지원을 아낌없이 해 줍니다.

❙ 주화론 최명길과 화해한 예조 판서 김상헌

임진왜란 이후 조선과 명의 국력이 크게 약화한 것과는 다르게 누르하치가 이끄는 여진족은 후금을 건국하며 동북아시아의 강자로 빠르게 성장해요. 광해군은 전후 복구를 위해 명과 후금에 이용당하지 않는 중립 외교를 강조했어요. 하지만, 명나

28) 왕실 자손의 탯줄을 봉안한 장소

라의 은혜를 갚지 않는 정책에 불만을 품은 서인 세력은 광해군이 영창 대군을 죽이고 인목 대비를 서인으로 강등하여 유폐한 사실을 내세워 인조반정을 일으키고 권력을 장악합니다.

이후 인조와 서인 정권은 광해군과는 달리 명나라를 가까이하고 후금을 멀리하는 친명배금 정책을 펴요. 이것이 불편했던 후금은 명나라 장수 모문룡이 조선 영토인 가도에 주둔하는 것을 문제삼아 조선을 압박했어요. 때마침 인조의 즉위를 인정하지 않고 반란을 일으킨 이괄의 잔당이 후금으로 망명하여 광해군이 부당하게 폐위되었다는 말을 후금에 전합니다. 후금은 이를 계기로 삼아 조선을 굴복시키고자 1627년 정묘호란을 일으켜요. 후금의 군대가 연전연승하며 빠른 속도로 남하하자, 인조는 급히 강화도로 건너가 장기전을 준비하게 됩니다.

이때 최명길은 인조에게 후금과 화친을 맺을 것을 요청했고, 명나라 황제의 생일을 축하하기 위해 북경에 있던 김상헌1570~1652은 명나라에 지원군을 요청합니다. 인조는 깊은 고심 끝에 최명길의 주장을 따라 정묘화약을 맺고 전쟁을 끝내요.

1636년 후금은 청으로 국호를 바꾸고 조선을 재침입해요. 인조는 이때도 최명길의 주장을 받아들여 삼전도에서 청에 항복하며 신하가 되겠다고 맹세하지요. 그러자 김상헌은 고향 안동으로 내려가 버려요. 그럼에도 조선의 앞날이 걱정되었던 김상헌은 명나라를 공격하는 일에 조선군을 보내달라는 청나라의 요구에 강력하게 반대하는 상소를 올리죠. 이 일을 알게 된 청나라는 김상헌을 붙잡아 심양 감옥에 가두어버립니다. 우의정이 된 최명길도 명나라와 몰래 연락하며 청나라에 당한 치욕을 갚기 위해 노력했어요. 그러나 안타깝게도 조선이 청나라에 항복한 것은 부득이한 일이라고 적은 문서를 명나라에 보낸 사실이 청나라에 알려지면서 최명길도 심양 감옥에 갇히게 됩니다. 항복을 두고 대립하며 얼굴도 보지 않았던 둘은 다른 방식으로 조선을 위해 애쓰다가 청나라 심양 감옥 옆방에 나란히 붙어 있게 된 거죠.

둘은 감옥에서 시를 주고받으며 조선을 사랑하는 마음이 서로 다르지 않았음을 알고 화해합니다. 김상헌이 〈좋은 시구 볼수록 더 묘하거니와 애타는 맘 바로 여기 있었으리라佳句看逾竗, 回腸正在斯 이에 양대의 우정을 찾고 백 년 갈 의심 선뜻 풀어 버렸도다從尋兩世好, 頓釋百年疑〉라는 시를 보내자, 최명길도 〈그대 마음 돌 같아서 끝내 돌리기 어렵고君心如石終難轉 나의 도는 둥근 꼬리 같아 경우에 따라 돈다네吾道如環信所隨〉라며 김상헌처럼 자신도 나라를 사랑한다고 화답해요.

비록 방법은 달랐지만 조선을 누구보다 사랑했던 김상헌과 최명길의 진심은 오늘날 우리에게도 깊은 울림을 줍니다. 우리는 국제 사회에서 앞으로 수없이 많은 선택을 해야 할 거예요. 국익에 도움이 되는 선택에서 가장 중요한 것은 예조 판서 김

▲ 삼전도비

출처: <서울 삼전도비>, 한국민족문화대백과사전

상헌과 이조 판서 최명길처럼 나라를 사랑하는 마음이 아닐까 싶어요. 더불어 길은 달라도 상대를 인정하고 존중하는 자세도 말이죠.

생각거리

* 조선이 청나라에 항복할 것인지 끝까지 싸울 것인지 고민하던 상황에서 김상헌과 최명길은 서로 다른 길을 선택했습니다. 여러분이라면 어떤 선택을 했을 것인지 이유를 들어 말해 보세요.
* 김상헌과 최명길은 나라를 위해 서로 다른 길을 걸었지만, 결국 서로를 이해하게 됩니다. 여러분은 의견이 다른 사람을 대할 때 어떤 태도가 필요하다고 생각하나요? 자신의 경험이나 생각을 예로 들어 말해 보세요.
* 최명길은 현실적인 판단으로 화친(강화)과 항복을 주장하며 나라의 안위를 지키려 했고, 김상헌은 대의명분을 지키며 끝까지 싸워야 한다고 주장했습니다. 만약 여러분이 인조였다면 정묘호란과 병자호란의 위기 상황에서 누구의 주장을 따랐을지, 그 이유를 최명길과 김상헌의 입장을 모두 고려하여 논리적으로 제시해 보세요.

❙ 현종 때의 예송 논쟁

현종 때 두 차례에 걸쳐 인조의 아내였던 장렬 왕후1624~1688가 상복을 얼마 동안 입어야 하는지를 두고 예송 논쟁이 벌어져요. 오늘날 기준으로 보면 상복 입는 기간을 두고 국정 주도권을 두고 다투는 것이 이해하기 어려울 수도 있어요. 하지만 당시 중요하게 여기던 가치관을 염두에 두고 들여다보면 이해할 수 있죠. 예를 들어 오늘날 제사상을 차리는 도중 큰아버지와 아버지가 음식 배치를 어디에 두느냐를 가지고 갈등이 생겼다고 생각해 볼까요. 제사라는 것이 형식보다는 조상에게 감사하는 마음을 표출하는 것이 더 중요한 것이라지만, 음식 배치를 누구의 뜻대로 하느냐에 따라 집안의 주도권이 누구에게 있는지 판단할 수 있습니다. 아버지의 주장을 따라 음식 배치가 이루어진다면, 그 집안의 주도권은 아버지가 가지고 있다고 보는 것처럼 말이죠. 예송 논쟁도 그런 관점에서 보면 이해하기가 수월해집니다.

예송 논쟁의 쟁점이 되었던 인조의 계비 장렬 왕후는 효종보다 어렸어요. 그래서 효종이 죽었을 때 장렬 왕후가 상복을 얼마나 입어야 하는지를 두고 서인과 남인 사이에서 크게 논쟁이 벌어졌죠. 왜냐하면 조선 예법의 기준을 담은 『국조오례의』에는 효종처럼 작은아들로서 왕위에 올랐다가 죽었을 때 어머니가 입어야 할 상복에 관한 규정이 없었거든요. 이때 남인은 왕은 사대부와는 달라서 작은아들이지만 왕위에 오른 효종을 본처가 낳은 맏아들인 적장자로 봐야 한다고 판단했어요. 그래서 왕이 죽었을 때 친족이 상복을 3년 입는다고 규정한 『주례』를 근거로 내세우며 삼년복을 주장했죠. 반면 서인은 효종이 왕이었어도 작은아들이기에 사대부의 예를 따르는 것이 옳다고 판단했어요. 『의례』에서 맏아들 외의 아들인 서자가 후사를 잇는 경우 상복을 3년 입지 못한다는 규정을 내세워 1년간 상복을 입어야 한다는 기년복을 주장했죠.

현종은 남인의 주장을 선택하고 싶어 했어요. 삼년복을 채택하면 왕의 권위가 높아지는 동시에 서인이 가진 기득권에 제약을 둘 수 있었기 때문이에요. 그러나 즉위 초 왕권이 약했던 현종은 서인의 주장을 받아들일 수밖에 없었어요. 그렇게 서인의 주장대로 장렬 왕후가 1년 가까이 상복을 입고 벗으려고 할 때 남인이 다시 문제를 제기해요. 상복을 1년 입는 것은 효종의 정통성을 부정하는 것이라며 다시 삼년복으로 바꿔야 한다고 말이에요. 현종도 이들의 의견에 동조하며 다시 논의하라고 명령했지만, 서인의 중심인 송시열이 상복을 1년 입는 기년복은 『경국대전』을 따랐음을 강조하며 확고한 반대 의사를 표명하죠. 당시 영향력이 막강하던 송시열의 뜻인 만큼, 현종도 결국 서인의 뜻을 따르게 됩니다. 그로 인해 남인 대다수가 조정에서 쫓겨나요. 이것을 '기해예송'이라고 불러요.

시간이 흘러 효종의 비 인선 왕후가 죽으면서 장렬 왕후의 상복 문제가 다시 불거져요. 정국을 주도하던 서인이 『경국대전』에서 장자의 아내는 기년복, 서자의 아내는 대공복9개월이라고 명확히 규정되었다며 대공복을 주장해요. 그러나 현종도 국왕으로 15년간 국정을 이끌어 온 만큼 기해예송 때와는 다른 행보를 보여요. 현종을 지지해 줄 외척의 힘을 키워온 데다가 송시열과 거리를 두면서 서인의 주도권이 많이 약화했거든요. 이를 눈치챈 남인은 기년복을 주장하면서 다시 서인과 대립하게 됩니다. 4번에 걸친 논쟁 끝에도 서인이 뜻을 접으려고 하지 않자, 현종은 서인의 주요 인사를 유배 보내는 강수를 둬요. 이번 기회를 통해 왕권을 강화하고자 하는 현종의 의지를 누구라도 읽을 수 있었죠. 결국 현종의 뜻대로 기년복이 선택되고, 남인 허적이 영의정으로 임명되면서 조선에 새로운 변화가 일어날 것처럼 보였어요. 하지만 한 달여 후에 현종이 갑작스럽게 죽으면서 14살의 어린 숙종에게 왕권을 강화하는 일이 넘어갑니다.

어린 숙종은 아버지 현종의 업적을 기리는 행장[29]을 예조 참판 이단하에게 맡겨요. 그런데 이단하가 현종의 반대 입장에 있던 송시열을 두둔하는 글을 작성해요. 이에 화가 난 숙종이

29) 죽은 사람이 평생 살아온 일을 적은 글

이단하를 불러서는 "선왕께서 복제의 잘못됨을 통촉하시고는 바로 잡은 뒤 대신과 예관에게 죄를 물었다. 지금 이 행장에는 예관에게 벌을 준 연후에 국가의 전례가 비로소 정해졌다고 말하니 이해하기 어렵다. 다시 명백하게 고쳐서 올려라. 그러고도 미진한 것이 있다면 그 죄를 면하기 어려울 것이다."라며 꾸짖어요. 이처럼 어린 나이에도 불구하고 왕권을 제약하는 서인을 견제하는 어린 숙종의 모습은 훗날 환국을 통해 왕권을 강화하는 국왕으로서의 첫 번째 행보가 아니었을까요.

병조(兵曹)

적의 침입이 가장 급한 곳에서는 평민이라도 동원해 수비에 나서게 하여, 나중에 이런 일이 다시 생기지 않도록 본보기를 세우고 명령을 엄하게 내려 주십시오.

-『문종실록』

병조의 기능과 변천

국가를 운영하는 데 있어 외부의 침입을 막거나 내부의 반란을 진압하기 위해 국왕은 나라의 군대를 지휘하고자 했어요. 이때 군대를 운영하는 권한을 '군권'이라고 합니다. 예로부터 모든 왕조의 국왕들은 개인이 사병을 운영하지 못하도록 막고,

오로지 자신만이 군권을 독점하고자 했어요. 특히 중앙 집권 국가로 성장할수록 군사, 무관 인사, 병력 관리 등을 한 곳에서 통제하고자 했죠.

조선도 예외는 아니었어요. 원나라의 영향을 받아 설치된 만호부와 홍건적과 왜구의 침입을 방비하는 과정에서 사병제 성격이 강해진 고려의 군사 제도를 이어받은 태조 이성계는 병조를 설치하여 국가가 모든 군대를 총괄하고자 했지만, 뜻대로 이루지 못했습니다. 오히려 사병을 없애기 위해 요동 정벌을 재추진하는 과정에서 제1차 왕자의 난이 일어나 국왕의 자리에서 물러나게 되지요. 하지만 태종이 사병 혁파에 성공하면서 병조의 역할과 기능이 강화됩니다.

병조는 어떤 일을 담당했을까요? 크게 무관 선발 등 인사 행정, 왕의 행차에 뒤따르는 의장과 교통에 관련된 행정, 군사 시설에 무관 파견, 무기와 갑옷 등 병기 시설 확보, 왕 호위, 서울의 성문 경비 및 궁궐의 열쇠 관리 등 군정[30]에 관한 업무를 주관했어요. 이와 별도로 군대에 명령을 내려 운영하는 군령[31] 체계에서도 가장 높은 위치에서 중추적인 역할을 담당했답니다.

그럼 병조의 업무를 담당했던 관청을 살펴볼까요. 병조는 무

30)군의 조직, 인사, 군수, 시설 등 군대를 편성하고 지원하며 관리하는 일
31) 작전, 전투 지휘 등 군대를 운용하고 지휘하는 일

선사, 승여사, 무비사 3사로 구성되어 있어요. 무선사武選司는 기본적으로 무관에 관한 인사 행정을 담당합니다. 무관과 군사의 임명, 관리 임명장과 녹봉을 받을 수 있는 증서 관리, 무관의 잘못 기록, 휴가에 관한 일, 무과 시험을 주관했죠. 임용과 승진에 관련된 인사를 담당하는 만큼 무선사의 실무자들이 결정한 일은 반드시 당상관들의 승인을 거쳐 병조 판서가 시행하는 절차를 거쳐야 했습니다.

승여사乘輿司는 국왕의 행차와 관련된 업무를 도맡아 했어요. 왕의 위엄을 드러내는 의장 행렬, 왕이 타는 수레, 왕이 사용하는 천막 등에 관련된 일을 맡았죠. 그 과정에서 직접 소나 말을 기르고, 교통과 통신의 업무를 조율하고, 왕을 호위하는 일 등도 담당했답니다. 하지만 조선 후기에 마색馬色이 설치되면서 승여사는 사라지게 됩니다.

무비사武備司는 무선사와 승여사에 비해 다루는 업무의 종류와 범위가 굉장히 다양하고 넓었어요. 군사, 말, 병기, 전함 등 군대 운영에 관련된 모든 것을 관리하는 동시에 군사들을 점검하고 무예를 훈련시키는 일을 담당했지요. 이뿐만이 아니라 밤에 지키는 숙직과 순찰 그리고 성곽을 방어하는 일 외에도 위급한 상황을 전하는 봉수, 화포 등 군대 운영의 전반적인 부분을 다루었습니다.

조선 전기 군령과 군정을 총괄하던 병조지만, 조선 중기 업무의 많은 부분이 비변사로 넘어가면서 역할이 축소돼요. 그래도 국왕과 나라의 안전을 책임지는 일을 하는 만큼 병조를 중심으로 운영되는 체계가 유지되면서 위상이 크게 낮아지지 않았어요. 하지만 시간의 흐름을 거스를 수는 없어서 1894년 갑오개혁 이후 병조는 역사에서 사라지게 됩니다.

병조의 속아문

병조의 속아문으로는 오위·훈련원·사복시·군기시·전설사·세자익위사가 있어요. 오위五衛 의흥위, 용양위, 호분위, 충무위, 충좌위는 조선 전기 중앙 군사 조직으로 여러 차례 변화를 겪다가 세조 때 정립이 돼요. 오위를 총괄하는 오위도총부와 병조 간에 충돌이 우려되어 초기에는 '병조가 병사를 관리하는 일을 총괄하고 오위도총부는 군사에 관한 일을 모두 다루니, 체통이 서로 이어지고 군정은 더욱 밝아진다.'라며 역할을 구분했어요. 그러나 시간이 흘러 오위의 권한과 역할이 축소되면서 오위는 병조의 속아문이 됩니다.

훈련원訓鍊院은 군인들의 능력을 시험하고 무예 연습과 병법에 관련된 병서를 가르치는 관청이에요. 구체적으로 살펴보면 무관을 선발하고, 내금위와 별시위에 소속된 병사들을 훈련시키고 선발하는 일을 주관했어요. 오늘날 사관 학교와 비슷한 기능을 했다고 생각하면 좋을 것 같아요. 조선을 건국하며 설치된 훈련원은 아주 오랫동안 존속하며 훌륭한 무관을 선발하고 육성하는 일을 담당했지만, 1907년 일제에 의해 강제로 폐지됩니다.

사복시司僕寺는 임금이 타는 수레와 말을 관리하는 관청입니다. 이를 위해 지방에 209개의 목장을 두었고, 감목관을 책임자로 두어 말의 수·상태·사육상황을 감독 관리하도록 했어요. 사복시가 운영하던 살곶이 말목장은 현재 서울 광진구의 서울어린이 대공원 자리에 있었어요. 그래서 현재도 어린이 대공원에서 목장의 흔적이 발견되고 있답니다.

군기시軍器寺는 전쟁에 쓰이는 온갖 무기인 병장기를 제조하는 일을 담당한 관청이에요. 의정부의 삼정승 중 한 명이 도제조를 맡고, 그 아래 병조 판서 또는 병조 참판 그리고 실제로 군사를 지휘하는 무관에서 선발된 1명으로 이루어진 총 2명의 제조가 책임지는 군기시에는 병장기를 만드는 장인 600명이 소속되었어요. 병장기가 계속 개발되고 관리하는 만큼 군기시에는 철물을 주조하는 야로소, 화약을 제조하는 화약감조청, 활을 제작하는 궁전소 등 여러 부속 시설에서 화약, 활, 화포 등을 제작했답니다. 그 결과 조선 시대에 오늘날 로켓에 해당하는 신기전, 수류탄과 같은 역할을 한 비격진천뢰 등 첨단 무기들이 제작될 수 있었습니다.

조선 초기에는 '사막司幕'이라고 불리다가 세조 때 명칭이 바뀐 전설사典設司는 의식에 사용되는 장막 또는 군막을 공급하는 관청이에요. 장막을 관리하는 일이라 어렵지 않다고 생각할 수도 있지만, 왕이 직접 사용하기에 조금이라도 관리를 소홀히 하면 처벌이 내려지는 어려운 일이었어요. 세조는 기름을 먹인 천막인 유악을 제대로 관리하지 않아 빗물이 천막 안으로 들어왔다고 전설사 관리를 처벌하기도 했고, 성종은 광릉으로 행차할 때 장막을 엉뚱한 곳에 설치했다는 이유로 관리를 처벌하기도 했어요. 무엇보다 가장 큰 사건은 숙종이 남인을 이끌던 허적이 자신의 허락을 받지 않고 유악을 가져간 것을 문제 삼고 남인을 대거 축출한 경신환국이죠.

'계방桂坊'이라고 불리는 세자익위사世子翊衛司는 세자를 모시고 호위하는 임무를 담당하는 관청이에요. 세자익위사에 소속된 사람들은 무예가 출중한 공신이나 재상의 자제가 많았어요. 이들은 세자가 거동할 때는 앞에서 인도하고, 신하들과 학문을 논하는 회강이 진행될 때는 돌층계 아래에서 만일의 사태를 대비해 호위했어요.

〈병조〉

* **다른 이름** 하관, 서전
* **담당 업무** 군사 업무에 관한 일
* **관원** 판서, 참판, 참의, 참지(정3품), 정랑 4명(정5품), 좌랑 4명(정6품)
* **하급 관청** 무선사, 승여사, 무비사
* **속아문** 오위, 훈련원, 사복시, 군기시, 전설사, 세자익위사

◈ 병조와 비슷한 대한민국 정부 기관

조선(왕정 국가)	대한민국(공화국)
병조	국방부

병조와 비슷한 업무를 담당하고 있는 대한민국 정부 기관은 국방부입니다. 국방부는 1945년 국방에 관련된 군대의 행정 업무군정와 군대의 명령 체계군령 그리고 군사에 관한 모든 일을 관리하기 위해 만들어진 국방사령부에서 출발했어요. 1948년 대한민국 정부가 수립되면서 오늘날의 국방부로 이름이 바뀌어 사용되고 있어요.

국방부가 하는 주요 업무는 국방 정책을 수립하고, 군정과 군령을 총괄하고, 국군 조직을 운영하며 전략을 수립해요. 이를 위해 국방 예산을 편성·운용하며, 군사 시설과 장비를 관리합니다. 더불어 한미 동맹 관리 및 국제 군사 협력에 관한 일도 해요. 조금 더 자세하게 살펴볼까요. 국방부는 대통령에게 군사 관련 중요 사항을 보고하고, 국가 안전 보장 회의NSC에서 안보 정책 결정에 참여합니다. 더불어 국방력 강화를 위해 전투기와 미사일 등 첨단 무기를 개발하고 사이버전에서 효과적으로 전투를 수행할 수 있는 능력을 갖추도록 아낌없는 지원을 하죠. 휴전 관계에 있는 북한의 도발을 막기 위해 주한 미군과의 협력 체계를 유지하며, 국민의 안보 의식을 고취하기 위해 예비군 훈련 및 민·군 협력 프로그램도 운영한답니다.

이외에도 병무 행정에 관한 사무를 담당하는 병무청과 방위력 개선 사업, 군수 물자 조달 및 방위 산업 육성을 위한 방위사업청은 외부에 두고 운영하고 있어요. 국군 홍보 자료를 제작하여 배포하는 국방홍보원, 나라를 위해 희생하신 순국 영령들의 묘지를 관리하는 국립서울현충원, 정보 체계 개발 및 운용 지원과 전산 체계를 관리하는 국방전산정보원 등도 국방부 부속 기관이랍니다.

대한민국은 중국, 러시아, 일본, 미국, 북한처럼 군사 강국과 마주하고 있어요. 특히 종전이 아닌 휴전 상태인 만큼 군사적 긴장감은 세계 다른 지역에 비교해도 절대로 뒤처지지 않습니다. 그만큼 자주국으로서의 지위를 지키고 더 나아가 대한민국의 국민과 영토를 지켜나가는 데 있어 국방부의 역할은 매우 중요하답니다.

〈국방부 주요 업무〉

* 국방 정책 수립
* 군사 시설 및 장비 관리
* 대외 군사 협력
* 국민 안보 강화

◈ 역사 속 병조와 주요 인물

❙ 무과 출신으로 병조 판서를 거쳐 좌의정에 오른 최윤덕

최윤덕1376~1445은 세종이 4군 6진을 개척하는 데 있어 중추적인 역할을 수행했어요. 조선 시대에 문관보다 낮은 처우를 받는 무관이지만, 공로를 인정받아 우의정과 좌의정까지 오른 입지적인 인물이기도 해요. 최윤덕은 고려 말 늘 변방에서 근무하는 아버지에게 무예를 배울 기회는 없었지만, 누구보다 힘이 세고 용맹했어요. 야사에 따르면 어린 최윤덕은 산에서 만난 호랑이를 화살로 쏘아 죽이고는 집에 돌아와서 "얼룩무늬를 가진 큰 짐승이 나오길래 쏘아 죽였다."라고 말했다고 해요. 호랑이를 직접 만나는 일이 흔하지 않기도 하지만, 달리 생각해 보면 최윤덕이 호랑이를 알아보지 못할 정도로 어린 나이였음을 짐작하게 합니다.

18살이 되던 해 소과에 급제한 최윤덕은 무과를 응시할 시간도 없이 아버지를 따라 전장에 나가 여러 공을 세우다가, 태종이 즉위할 무렵이 되어서야 무과에 급제해요. 이후에도 함경도와 평안도에서 오래 머물면서 여진족의 침략으로부터 백성을 보호하는 일에 누구보다 먼저 앞장섰어요. 그렇다 보니 조정에서는 여진족과의 갈등이나 분쟁이 발생하면 제일 먼저 최윤덕을 찾았어요.

세종이 즉위하자 최윤덕은 의정부에 속한 정2품 벼슬인 참찬 겸 삼군 도절제사에 임명되면서 무관인 동시에 문관으로서 활동하기 시작해요. 남해안을 연신 침입하는 일본 왜구를 섬멸하기 위해 조선의 제일 명장이던 최윤덕이 필요했기 때문이지요. 이후 대마도 정벌에 출정한 최윤덕은 승리에 기여한 공로를 인정받아 공조 판서가 됩니다. 이때도 공조 판서의 업무를 잘 수행하여 서울 성곽을 훌륭하게 보수하죠.

그러나 최윤덕의 최고 업적을 꼽는다면 4군 6진 개척이에요. 압록강과 두만강을 경계로 여진족을 몰아내고 국경을 안정화하겠다는 세종의 방침에 따라 최윤덕은 누구보다 앞장서서 국경으로 달려가 영토를 개척해요. 하지만 단시간에 영토 확장이 이루어지지 않아 오랜 시간을 변방에 있어야 했습니다. 최윤덕의 역할을 대신할 적임자가 마땅치 않자, 세종은 미안한 마음을 담아 "변방에 간 것이 두 해가 다 되어 교대해야 하지만, 적임자를 찾기가 어렵다. 또한 여진족이 계속 문제를 일으키니 더 머무르게 하여 변방의 안정을 이루고자 한다. 짐의 지극한 뜻을 이해해 달라."라며 최윤덕에게 양해를 구하는 말을 전합니다.

병조 판서가 된 최윤덕은 동북면 일대에 성을 쌓아 혹시 모를 여진족의 침입에 대처하게 하고, 남쪽으로도 왜구의 침략에 대비하여 경상도와 전라도에 여러 성을 새로 쌓거나 보수하도록 지시해요. 이때 여러 문신들이 최윤덕이 큰 공사를 일으켜 문제를 일으켰다고 비판하자, 세종은 "최윤덕은 곧고 착실해 거짓이 없다. 고려와 개국 초기에 무신으로 정승에 오른 사람들이 있기는 하지만, 그들 모두 어찌 최윤덕보다 뛰어나겠는가? 그는 영의정도 할 만하다."라며 힘을 실어 줍니다. 세종의 신임이 어떠했는지 잘 보여 주는 대목이 아닐 수 없네요.

그도 그럴 것이 여진족이 함길도함경도를 침범해 50여 명의 백성을 죽였다는 사실을 들은 최윤덕은 크게 화를 내며 57세의 나이로 함길도 도절제사가 되어 여진족을 공격하여 큰 전과를 거둬요. 최윤덕은 좌의정과 우의정에 오른 뒤에도 마음은 늘 변방에서 고생하는 백성들에게 있었어요. 그래서 69세에 우의정 자리를 내려놓고는 평안도로 가서 여진족을 토벌하기까지 합니다. 이때 세종에게 이런 말을 남겨요. "의정의 직책은 본래 용렬한 사람이 할 수 있는 것이 아니고, 경륜하고 음양을 조화시키는 일은 무신이 의논할 수 있는 것이 아니라고 신은 늘 생각해 왔습니다. 그러나 외적을 막아 북방을 안정시키는 일이라면 신은 이 몸이 다할 때까지 마음과 힘을 다할 것입니다."

이처럼 개인의 입신양명보다는 무인으로서 나라와 백성의 안녕을 늘 걱정했던 최윤덕은 관직에 연연하지 않고, 늘 가장 위험하고 어려운 곳에 나갔어요. 그로 인해 조선은 양난이 일어나기 전까지 평화로움 속에서 행복하게 살아갈 수 있었죠.

단순히 4군을 개척한 최윤덕이라고 기억하기보다는 누구보다 진심으로 나라를 생각했던 군인으로 기억하면 좋겠어요.

❙ 병조 판서로 죽은 남이 장군

남이1441~1468는 세조의 고종사촌 아들로 어려서부터 무인의 자질이 넘쳤어요. 16살에 무과에 급제할 정도로 말이죠. 더욱이 남이의 할머니는 태종의 넷째 딸인 정선 공주였고, 장인은 계유정난을 성공시키는 데 큰 공을 세운 권람이었던 만큼 앞으로 어떤 행보를 걸을지 모두 궁금해했어요. 능력과 배경까지 모든 갖춘 남이가 어디까지 올라갈 수 있을지 말이에요. 세조도 남이를 눈여겨보며 어려운 일이 있을 때마다 그를 중요한 자리에 임명했어요.

남이는 포천 일대를 두려움에 떨게 한 도적을 소탕하며 무인으로서 사람들에게 깊은 인상을 심어 주었어요. 그러나 남이의 이름이 조선을 넘어 북방 여진족까지 알려진 것은 이시애의 난을 진압하면서부터예요. 1467년 일어난 이시애의 난은 세조가 국경 지대의 지배 세력이던 토호 세력을 통제하는 데 반발하여 함경도 일대에서 일어난 반란이에요. 함경도 길주의 토호였던 이시애는 충청·전라·경상의 군사들이 북쪽으로 올라와 함경도 사람을 다 죽일 거라는 거짓 소문을 퍼트리고는 군대를 만들어 함길도 절도사 강효문과 길주 목사 설정신을 죽여요. 그리고 함경도 일대를 차지했지요.

세조는 이시애의 반란군이 점점 세력을 넓히는 것을 매우 크게 우려하며 중앙군을 동원하여 그들을 토벌할 것을 명령해요. 이때 세조의 동생이던 임영 대군의 아들 구성군 이준을 총책임자인 사도병마도총사로 임명하고 3만의 병력을 내줍니다. 남이도 진북 장군 강순 휘하의 장수로 토벌군에 참여하여 전투에 나서요. 이후 철원까지 밀고 내려왔던 이시애의 반란군은 기세가 약해져 밀려나다가 함경도 북청에서 최후의 항전을 벌여요. 패배가 죽음으로 이어지는 만큼 관군과 반란군은 여러 차례 치열한 공방전을 벌였는데, 이때 남이가 혁혁한 공을 세우게 됩니다. 『세조실록』에서 "북청 전투에서 남이는 사력을 다해 싸워 가는 곳마다 적이 쓰러졌다. 몸에 네다섯 개의 화살을 맞았으나 낯빛이 태연했다."라는 기록을 보면 남이가 어떠한 활약을 펼쳤는지 충분히 짐작이 가지 않나요. 이후로도 남만주 일대 건주 지역에서 조선 백성을 연신 괴롭히는 여진족을 토벌하는 북벌군에 참여하여 추장 이만주를 죽이는 등 크고 작은 전투에서 승전보를 계속 올렸어요. 그로 인해 조선을 방문한 명나라 사신이 세조에게 대단한 장수를 두어 좋겠다고 말할 정도로 남이는 대외적으로도 유명했답니다.

세조는 말년에 힘이 너무 커진 한명회와 신숙주 등 고위 관료를 견제할 수 있는 대항마로 남이를 선택합니다. 이를 위해

▲ 등림영회도(이시애의 난을 진압하고 돌아오는 남이 장군)

자신의 신변을 책임지는 겸사복장 겸 공조 판서로 임명하며 힘을 실어 주었죠. 하지만 너무 이른 나이로 높은 자리에 올라서였을까요? 아니면 자기 생각을 이야기해야 직성이 풀리는 성격이어서 그랬을까요? 세조에게 자신과 나이가 비슷한 구성군 이준만 총애한다며 술 먹고 투정을 부리다가 의금부에 갇혀요. 겸사복장 자리에서도 쫓겨나고요. 하지만 두 달 만에 공조 판서 겸 오위도총부 도총관으로 임명됩니다. 그로부터 한 달 뒤에는 오늘날 국방부 장관에 해당하는 병조 판서에 임명되기까지 해요. 이때 남이의 나이는 27살에 불과했어요.

그러나 남이의 출세는 오래가지 못하고 금방 끝이 납니다. 병조 판서에 임명된 지 13일 만에 세조가 죽고, 예종이 즉위하는 날 병조 판서에서 겸사복장으로 좌천돼요. 이후 남이를 비방하는 소리가 빗발쳤고, 결국 병조 참지 유자광의 "남이가 역모를 꾀하고 있습니다."라고 적은 거짓 상소로 처형당하고 말아요. 이것은 능력이 너무나도 출중했던 남이를 견제하던 예종을 비롯한 훈구 대신들이 만들어 낸 결과물이었죠. 많은 백성은 억울하게 죽은 남이의 재주를 아까워하며 그리워했어요. 무속인들은 남이를 신으로 받들며 제사를 지냈고, 오늘날까지도 많은 이들이 남이를 기억합니다. 조금만 겸손했다면 역사를 바꾸었을 남이의 시를 한 번 읽어 볼까요.

백두산 돌은 칼을 갈아 다 없애리라.

두만강 물은 말을 먹여 없애니,

남아 이십에 나라를 평정하지 못하면

후세에 누가 대장부라 하겠는가.

생각거리

* 남이는 젊은 나이에 높은 자리에 올라 주목받았지만 결국 주변의 질투와 정치 싸움에 희생되었습니다. 사람들에게 오래 존중받기 위해서는 어떤 자세와 태도가 필요할까요? 자신의 생각을 정리해 보세요.
* 남이는 젊은 장수로서 큰 공을 세웠지만, 말과 행동을 조심하지 않아 불이익을 받기도 했습니다. 실력뿐만 아니라 태도와 언행이 중요한 이유를 구체적인 예와 함께 설명해 보세요.
* 남이는 당대 백성들에게는 억울하게 죽은 영웅으로 기억되었고, 무속에서는 신으로 추앙받았습니다. 하지만 다른 한편으로는 정치적 견제를 받았던 인물이기도 합니다. 한 인물에 대해 이처럼 다양한 평가가 존재하는 이유가 무엇일지, 그리고 우리는 역사 속 인물을 어떤 관점으로 이해하고 평가해야 하는지 자신의 생각을 밝혀 보세요.

▲ 이항복 초상

❙ 병조 판서를 다섯 번 역임한 이항복

오성과 한음 이야기를 한 번은 들어봤을 거예요. 오성이라 불렸던 이항복1556~1618은 임진왜란 당시 병조 판서로서 조선 관군의 운용은 물론 명나라 군대의 협조를 끌어내는 데 아주 큰 역할을 한 인물이에요. 왕과 국정을 논의하는 문신이지만, 어린 시절부터 나라가 사라질 수도 있는 큰 전쟁에서 병조 판서로 혁혁한 공로를 세울 수 있는 자질을 보여주었어요.

이항복의 집안은 알아주는 명문가였어요. 그는 고려 말 성리학의 대가로 조선 시대의 내로라하는 학자들에게 큰 영향을 주었던 이제현의 후손일 뿐만 아니라 아버지도 정2품의 우참찬을 지낸 고위 관료였거든요. 그러나 이항복이 8살 때 아버지가 세상을 떠나면서 이항복은 부랑배들의 우두머리로 지내며 공부와는 담을 쌓고 살아갑니다. 이런 모습을 크게 걱정하던 어머니가 "내가 죽을지도 모르는데 너는 무뢰한 친구들과 어울려 놀기만 하는구나. 죽어서도 눈을 감지 못할 것 같다."라고 말할 정도였죠. 그리고 정말로 이항복이 15살이 되던 해에 어머니마저 죽고 맙니다.

어머니의 죽음 이후 더는 불효를 저지르지 말아야겠다고 생각한 이항복은 학업에 매진한 결과 24살에 관료가 돼요. 이후 율곡 이이가 선조에게 이항복을 뛰어난 젊은 관료로 소개할 정도로 출중한 능력을 보이며 많은 이들의 기대를 받게 되죠. 어느 정도냐면 "눈으로는 보고 귀로는 듣고 입으로는 묻고 손으로는 글씨 쓰기를 동시에 하는데, 상대방의 말은 하나도 빠뜨림이 없고 붓대는 잠시도 멈추지 않으면서 종횡무진으로 계속 움직이되 그 요점을 전부 파악하였으므로, 백관들은 팔짱만 끼고 서리들은 놀라서 귀신이라고 하였다."라고 기록될 정도였어요. 여기에 정치적으로 소외된 인물일지라도 찾아가 안부를 묻는 따뜻한 마음까지 갖추고 있어 모든 이들의 사랑을 받았죠.

임진왜란이 일어나자 이항복은 누구보다 바삐 움직이며 전란을 극복하고자 노력했어요. 왕비를 개성으로 호위하고, 선조를 의주까지 모셨죠. 힘든 피난길에 이항복은 현재의 병력으로는 일본군의 공격을 막아 낼 수 없으니 명나라에 도움을 요청하자고 주장합니다. 조선의 관군이 무너진 상황을 정확하게 파악하고, 현실적인 해결책을 제시한 거죠. 그러고는 일본군에 맞서 싸우도록 명나라 장수 이여송을 데려오는 데 성공합니다. 이후 임진왜란 중 다섯 번의 병조 판서와 한 번의 이조 판서를 역임하며 명에서 파견된 사신과 장수들을 전담해요. 또한 무관과 문관의 인사권을 담당하는 직책을 맡은 만큼 당리당략에 얽매이지 않고, 전쟁에서 승리할 수 있도록 적재적소에 필요한 인재를 등용하고 배치하는 데 노력을 기울여요. 훗날 신흠은 이항복 무덤 앞의 업적을 기리는 비석에다 '마음이 바르고 밝아 청탁이 들어오지 않았으며, 사람을 발탁할 때 오직 그 재능의 유무만을 보며 오로지 공론을 따랐다. 조정이 겨우 모양만 남았어도 사대부들이 그런대로 염치를 알았던 것은 이항복이 인사권을 가지고 있었기 때문이었다.'라고 기록합니다.

그럼 병조 판서로서 얼마나 일을 잘했는지를 보여 주는 기록을 살펴볼까요. 이항복이 사신으로 명나라 북경으로 가려고 하자, 사간원이 결사코 반대하는 내용이 『조선왕조실록』에 남아 있어요. '병조 판서는 군대의 일을 전적으로 다스려야 하므로 그 임무가 매우 무거워 하루라도 없어서는 안 됩니다. 병조 판서 이항복이 사은사사신로 가게 되면 몇 달 안에 돌아올 수 없습니다. 그사이 처리해야 할 허다한 일들은 내용을 자세히 알고 있는 사람이 아니면 반드시 생소하게 느낄 염려가 있습니다. 사은사를 속히 교체하여 이항복으로 하여금 군의 일을 조처하게 하소서.'라고요. 선조도 사간원의 요청이 타당하다며 사은사에서 이항복을 빼버립니다.

왜 이런 결정을 내렸을까요? 전쟁에서 잘 싸우는 것도 중요하지만, 군대가 제대로 싸울 수 있도록 지원하는 행정적인 업무도 매우 중요하기 때문이에요. 병력과 군량미를 비롯한 물품이 제때 보급되지 않으면 아무리 용맹한 군대라도 제대로 싸워 이길 수 없거든요. 특히 임진왜란 당시 명나라의 지휘를 받아야 하는 만큼, 명나라 장수와의 소통도 매우 중요했어요. 이런 중차대한 일을 아무런 문제없이 처리할 수 있는 사람이 바로 이항복이었던 거죠. 그렇기에 임진왜란에서 이순신과 권율 등 뛰어난 장수만큼 중대한 행정적인 업무를 담당했던 병조 판서 이항복도 기억하면 좋겠어요.

형조(刑曹)

대간은 풍속과 사회 기강을 맡은 관사이고 형조는 법을 집행하는 기관입니다.

-『태종실록』

◈ 형조의 기능과 변천

사헌부, 한성부와 함께 삼법사三法司라 불리는 형조는 법률, 소송, 노비와 관련하여 법을 해석하고 적용하는 일을 담당했어요. 형조의 시작은 고려 건국 초 의형대에서 찾아볼 수 있어요. 시간의 흐름에 따라 형관, 상서형부, 전법사, 형조로 명칭이 바뀌어 오다가 조선에서도 존속하게 됩니다. 태종은 육조 직계제를 시행하는 과정에서 형조를 승격시키면서 화재, 간음, 도적, 소송 등에 관련된 일을 맡아보게 했어요. 동시에 형조도관을 두어 노비와 관련된 업무도 담당하게 했죠.

형조는 상복사·고율사·장금사·장례사 등의 하위 관청이 업무를 나누어 처리했어요. 상복사詳覆司는 사형수를 비롯한 중죄인의 2심을 담당했어요. 이것은 나중에 무죄가 밝혀진 사형수의 생명은 되살릴 수 없는 만큼, 재판에 신중을 기하여 억울한 사람이 발생하지 않도록 세 번 심리하라는 의금부 삼복법을 실행하기 위해 만들어진 것이에요. 고율사考律司는 법률 조항을 검토·해석하고 형률 적용을 담당했어요. 왜냐하면 조선은 명나라 『대명률』을 근간으로 하면서도 조선 현실을 반영한 사회에서 통용되는 법인 속법을 사용했기 때문이에요. 그래서 고율사는 형조에서 처리하는 사건에 어느 법률 조항을 적용해야 하는지 검토한 뒤, 형률과 관련된 문서를 정리했습니다. 즉, 죄인에게 타당하게 법률을 적용하여 형벌이 제대로 내려졌는지를 살피는 업무를 담당했어요. 장금사掌禁司는 죄인을 신문하고 판결문을 작성하는 등 범죄 수사에 관련된 업무와 함께 어떤 행위를 금지하는 법인 금령을 내리는 일에 관여했어요. 고율사가 법률을 검토한다면, 장금사는 법률을 집행한다고 보면 됩니다. 장례사掌隷司는 노비의 호적과 포로에 관련된 일을 담당했어요. 상복사는 고등 법원·대법원, 고율사는 검찰, 장금사는 경찰이 하는 일과 비슷하다고 보면 될 것 같아요. 물론 오늘날에는 노비가 없기 때문에 장례사는 비교 대상이 없고요.

형조의 속아문으로 장예원과 전옥서가 있어요. 형조가 설치되었을 때 별도로 형조도관을 두어 노비와 관련된 일을 맡도록 했다고 했잖아요. 이것이 세조 때 상설 기구화되면서 장예원이 됩니다. 장예원掌隷院은 노비를 둘러싼 소송을 진행하고 노비의 신분을 해방하는 일을 했어요. 이외에도 매매 계약서, 출생 기록 등 노비와 관련된 문서를 담당했어요. 하지만 노비와 관련하여 업무가 중첩되는 한성부나 형조와 마찰을 일으켜서 장예원은 영조 때 형조에 병합됩니다.

전옥서典獄署는 오늘의 교도소와 같은 관청으로 죄수를 수감하고 형 집행 준비를 했어요. 조선이 법을 중시하여 형벌을 엄격히 운영한 만큼 전옥서는 단순히 죄인을 가두는 곳이 아니라 국가 권력의 통제 장치의 역할을 수행했어요. 그래서 상부 기관인 형조는 매월 담당자를 보내 전옥서가 죄인들을 제대로 관리하고 있는지 확인하고, 만약 죄수 관리가 제대로 되어 있지 않으면 문책하기도 했답니다. 예종 때 전옥서에 갇힌 죄수의 목에 씌운 칼이나 쇠사슬이 풀려 있자, 전옥서 관리들이 직무 태만으로 의금부에 체포되어 신문을 받기도 했어요.

〈형조〉

* **다른 이름** 주관, 추조
* **담당 업무** 법률, 소송, 처벌, 노비 업무에 관한 일
* **관원** 판서, 참판, 참의, 정랑 4명, 좌랑 4명, 율학교수(종6품), 별제 2명(종6품), 명률(종7품), 심률 2명(종8품), 훈도(정9품), 검률 2명(종9품)
* **하급 관청** 상복사, 고율사, 장금사, 장예사
* **속아문** 장예원, 전옥서

◈ 형조와 비슷한 대한민국 정부 기관

조선(왕정 국가)	대한민국(공화국)
형조	법무부, 법원, 고위공직자범죄수사처, 법제처

형조와 비슷한 업무를 담당하고 있는 대한민국 정부 기관에는 크게 법무부, 법원, 고위공직자범죄수사처공수처, 법제처가 있어요.

출처: 공유마당

법무부는 대한민국 정부가 수립되는 동시에 설치되었는데, 국방부와 함께 명칭이 한 번도 변경되지 않은 기관이에요. 법무부가 하는 일은 크게 검찰, 인권 보호, 교정, 보호 관찰, 소년 보호, 출입국 관리로 나눠볼 수 있어요. 검찰은 법을 어기고 범죄를 저지른 개인이나 단체를 대상으로 범죄를 수사하고, 재판을 집행하도록 감독하는 업무를 말해요. 이것을 담당하는 기관이 검찰청입니다. 그러나 2026년부터는 검찰의 수사 기능과 기소 기능이 완전히 분리돼요. 강력 범죄나 부정부패같은 중요한 사건을 직접 수사하는 행정안전부 소속의 중대범죄수사청과 법무부 소속으로 기소를 담당하는 공소청으로요.

재판을 받고 형벌이 정해지면 보호 관찰 처분을 받거나 교도소와 구치소 등 교정 시설에서 관리하는데, 이때 범죄자들이 다시는 죄를 저지르지 않고 반성하여 바른 삶을 살아갈 수 있도록 도와주는 역할도 법무부가 합니다. 이외에도 법무부는 대한민국에서 해외로 나가고 들어오는 사람들과 한국에서 사는 외국인을 관리하는 일을 수행해요. 대한민국의 안전을 위해 위험한 외국인이 들어오지 못하도록 막고, 한국에서 법을 어긴 외국인을 단속하여 처벌하죠.

이처럼 많은 업무를 수행하기 위해 법무부는 여러 부서를 운영해요. 기획조정실은 법무와 관련한 각종 정책을 만들고 연구하는 동시에 법무부의 예산을 계획하고 조정하는 일들을 담당합니다. 법무실은 법령을 해석하는 일 외에도 남북한 통일과 교류·협력에 따른 법무 관계를 해석하고 자문하고요. 또한 국제 법무 관계에 대한 일과 다른 국가와의 소송을 지휘하고 감독하는 일도 해요. 검찰국은 형사 사건에 대한 검찰을 지휘하거나 감독하고, 보상금과 피해자 구조금 등을 지급하는 일을 맡아요. 이외에도 국제 형사 사법과 국제 수형자 이송 문제도 관리한답니다.

범죄예방정책국은 소년 범죄와 청소년의 비행 그리고 범죄자가 재범을 일으키지 않도록 예방하는 일을 해요. 우리에게도 잘 알려진 전자발찌 부착과 보호 관찰 대상자를 관리하는 일을 통해 보다 안전한 대한민국을 만들기 위해 노력하고 있어요. 인권국은 범죄 피해자의 인권을 보호하기 위해 국선 변호사 운영 등 다양한 지원 프로그램을 운영하는 동시에 대한민국 국민의 인권을 보호하기 위한 정책을 만들고 개선하는 일을 담당합니다. 교정본부는 교도소와 구치소 등에 수감된 수용자를 관리하는 일을 해요. 단순히 사회로부터 분리하는 것을 넘어 사회 구성원의 일원이 될 수 있도록 심리 치료와 교육·교화를 위한 프로그램을 기획하고 운영합니다. 출입국·외국인정책본부는 범죄를 저지를 위험성이 있는 외국인이 국내에 들어오지 못하게 막고, 국내에서 법을 어긴 외국인을 단속하여 대한민국의 안전을 지키기 위해 노력하고 있어요. 더 나아가 외국인들이 대한민국 사회에 잘 적응할 수 있도록 법과 우리 문화를 배울 수 있도록 지원하는 사업도 진행하고 있답니다.

재판 및 소송 처리를 담당하는 법원은 헌법 제101조에 따라 독립된 사법부로 구성되어 있어요. 법원이 하는 일은 크게 소송 사건에 대해 원고와 피고의 주장을 듣고 옳고 그름을 따져 올바른 판단을 내리는 재판, 부동산 등기나 법인등기 등 권리가 있음을 확인해 주는 등기, 개개인의 이름·생년월일·가족관계에 관한 사항을 기록한 가족관계등록부 변경을 허가해 주는 일을 합니다.

법원은 어느 한쪽에 치우치지 않게 공정한 재판을 하고, 특수한 상황에 맞는 판결을 내리기 위해 특수 법원, 지방 법원 및 지원, 고등 법원, 대법원으로 구성되어 있어요. 특수 법원에는 특허 법원, 가정 법원, 행정 법원, 회생 법원이 있는데, 특허 법원은 특허권이나 상표권 등 지적 재산권 다툼과 관련된 재판을 담당하고, 가정 법원은 가족이나 친족간의 다툼 등과 관련된 사건을 맡고 있어요. 행정 법원은 행정 기관이나 국가의 잘못으로 국민의 권리와 이익이 침해당한 사건을 처리하고, 회생 법원은 경제적 어려움을 겪는 사람이나 회사를 도와주는 재판을 맡아요.

전국에 18곳, 그 아래 42개의 지원이 있는 지방 법원은 민사 및 형사 사건을 1심으로 재판합니다. 6곳에 설치된 고등 법원은 지방 법원 합의부에서 판결한 1심 결과에 불복해 재심사를 요청하는 항소 사건을 재판해요. 대법원은 민사·형사·행정·특허 및 가사 사건의 판결에 대한 2심의 결과에 불복해 다시 심사를 요청하는 상고 사건을 재판하는데, 이것이 마지막 재판이다 보니 4명의 대법관 의견이 모두 일치해야 판결이 나도록 하고 있어요. 그만큼 신중하게 접근하는 것이죠. 특히 사회적 파장이 큰 사건의 경우에는 대법원장과 12명의 대법관이 참여하는 전원합의체 재판을 진행합니다. 이외에도 대법원은 소송에 관한 절차, 법원의 내부 규율과 사무처리에 관한 규칙을 제정하기도 해요.

고위공직자범죄수사처공수처는 대통령을 비롯하여 고위 공직자 및 그 가족이 저지른 뇌물 수수, 직권 남용, 공무 집행 방해,

출처: 공유마당

허위 공문서 작성 등 범죄를 수사하고 재판에 넘기는 기구예요. 이것은 고위 공직자의 권력형 비리와 반부패 범죄를 엄정한 수사를 통하여 척결해야 한다는 국민의 뜻이 반영된 결과물이기도 합니다. 고위공직자범죄수사처는 정치적 중립성, 독립성, 전문성을 갖기 위해 부단한 노력을 하고 있어요. 그 일환으로 검사는 5년 이상의 변호사 자격이 있는 사람 중에서 인사 위원회의 추천을 거쳐 대통령이 25명 내외로 임명해요. 또한 수사 과정에서 발견된 관련 범죄의 경우 공수처 단독으로 기소할 수 있는 권한도 있어요.

출처: 공유마당

법제처는 국무총리 소속 중앙 행정 기관으로 1948년 대한민국 정부 수립 직후부터 존속해 왔어요. 법제처의 주요 업무로는 첫째, 정부에서 새로운 법률을 만들거나 기존 법률을 개정할 때 그 내용이 헌법에 어긋나지 않는지 혹은 다른 법률과 충돌하지 않는지를 검토해요. 둘째, 법률 조항이 명확하지 않거나 여러 기관의 해석이 달라 혼란이 생길 때, 법제처가 최종적으로 해석합니다. 셋째, 국민들이 법률 정보를 쉽게 찾아볼 수 있도록 과거와 현재까지의 법률, 시행령, 시행 규칙을 제공

해요. 또한 법령의 어려운 한자나 일본식 용어 등을 국민이 알기 쉽게 풀어 설명하는 다양한 서비스를 하죠. '찾기 쉬운 생활 법령정보https://www.easylaw.go.kr/CSP/Main.laf'와 '국가법령정보센터https://law.go.kr/main.html'를 방문하면 법률에 관해 자세히 알아볼 수 있어요.

〈법무부 주요 업무〉
* 검찰 및 형사 사법
* 교정 및 보호 관찰
* 출입국 및 외국인 관리
* 인권 보호
* 법무 정책 총괄

〈법원 주요 업무〉
* 재판
* 등기
* 가족 관계 등록

〈고위공직자범죄수사처 주요 업무〉
* 공위공직자 수사 및 기소

〈법제처 주요 업무〉
* 법률 심사
* 법률 해석
* 법률 정비
* 법률 정보 제공

역사 속 형조와 주요 인물

세종 때 소헌 왕후 친정어머니의 천인 해방을 건의한 정진

조선 건국에 있어서 빼놓을 수 없는 인물은 정도전이죠. 이성계와 함께 조선을 건국한 것을 넘어 500년 이상 존속할 수 있는 제도 등 기틀을 마련한 인물이기도 합니다. 하지만, 제1차 왕자의 난에서 역적으로 죽어요. 우리는 보통 역적의 자손은 3대를 멸한다고 알고 있지만, 모두 그런 것은 아니었어요. 정도전이 죽으면서 역적의 아들이 되었지만, 청렴한 성품과 공정한 일 처리로 형조 판서에 오른 정진1361~1427이 있거든요.

정진은 고려 말 정몽주가 고려의 멸망을 막기 위해 정도전을 지방으로 유배 보내는 과정에서 정도전의 아들이란 이유로 관직에서 쫓겨나요. 그러나 정몽주가 이방원에게 피살당하고 조선이 건국되자, 정진은 연안 부사로 등용되며 다시 관직에 오르게 됩니다. 이때 연안 사람들은 정도전의 아들이 부사[32]로 온다는 말에 큰 걱정을 했다고 해요. "개국 공신 정도전의 아들이니 교만하고 자부심이 커서 업무를 직접 맡아서 해결하지 않을 거야."라고요. 하지만 그런 의심은 오래가지 않았어요. 사람들은 늘 겸손한 자세로 맡은 업무를 최선을 다해 해결하려는 정진의 모습에 감탄하며 그가 오래도록 머물러 주기를 바랐다고

32) 1,000개 이상의 집이 있는 지방 행정구역의 수령을 지칭한다.

합니다.

성실한 자세와 공평한 업무 처리를 인정받은 정진은 중앙으로 올라와 공조 전서[33]를 거쳐 법률을 다루는 형조 전서가 돼요. 정진이 형조에 얼마나 적합한 인물이었는지를 보여 주는 사례를 이야기해 볼까요. 최안종이라는 사람의 시신이 첩의 집 문 앞에서 발견돼요. 수사 과정에서 최안종 아내의 고발로 인해 범인으로 의심받은 첩이 심한 매질을 이기지 못하고, 자신이 죽였다고 거짓 자백을 하면서 사건이 종결됩니다. 하지만, 결과가 납득되지 않았던 정진은 "사람을 죽인 자는 살인 흔적을 감추는 게 보통인데, 어찌 첩이 남편을 죽여서 문 앞에 두겠는가!"라며 사건을 재조사해요. 결국 실제 범인인 최안종의 아내는 정진의 합리적이고 이치에 맞는 수사에 더는 거짓을 감추지 못하고 죄를 털어놓아 벌을 받게 되죠. 이후 승승장구하던 정진은 제1차 왕자의 난으로 인해 관직에서 쫓겨납니다.

태종은 즉위 후 국가 운영에 꼭 필요한 인재라며 정진을 다시 조정으로 불러요. 자신이 죽인 정도전의 아들일지라도 나라에 도움이 되는 인물이라 판단한 거죠. 정진도 개인적 원한보다는 백성과 국가에 우선순위를 두고 자기에게 주어진 일에 최선을 다했어요. 결국 모든 사람에게 인정받는 관료가 되었고, 평

33) 육조에 둔 정3품으로 으뜸 벼슬. 태종 때 판서로 이름이 바뀐다.

안도 관찰사 및 공조 판서를 거쳐 세종 때 형조 판서가 됩니다.

세종이 즉위하고 얼마 되지 않았을 무렵 외척이 권력을 함부로 휘두를까 걱정한 상왕 태종이 세종의 장인 심온을 역적으로 처형해요. 그로 인해 세종의 장모이자 심온의 아내는 노비로 전락하고 맙니다. 최하 계층인 천민이 된 거죠. 세종은 장인 심온이 억울하게 죽은 것을 알지만, 재조사를 지시하지는 않았어요. 평소 효심이 깊었던 세종이기에 아버지 태종의 결정을 번복하는 것이 매우 어려웠거든요. 더불어 심온이 억울하게 죽은 것이 세간에 알려지면 정치적 보복이 일어나 국정이 혼란해질까 걱정도 되었고요. 그렇지만 사랑하는 소헌 왕후가 노비로 전락해 버린 어머니로 인해 힘들어하는 것을 보는 것도 어려웠죠. 이를 눈치챈 형조 판서 정진은 천민 명부에서 소헌 왕후의 어머니인 안씨를 삭제하자고 주장합니다.

태종이 심온의 아내와 딸을 천민에서 벗어나게 하려 했으나, 미처 교지를 내리지 못하고 세상을 떠났으니 아들인 세종이 그 뜻을 받들어야 한다고 말이죠. 정진의 논리에 따르면 세종이 장모와 처제를 천민에서 해방시키는 것은 아버지 태종의 뜻을 거스르는 것이 아닌 효를 실천하는 일이 되는 거예요. 늘 마음 속 깊은 곳에 있던 무거운 짐을 내려놓는 일이었던 만큼 세종은 정진의 뜻을 좇아 장모를 천민에서 해방시켜 줍니다.

세종은 정진이 얼마나 고마웠는지 그에게 노루 한 마리를 하사해요. 정진이 죽은 뒤에는 "천성이 곧고 순수하며, 품행이 온화하며 청렴하다. 관료로서 내직과 외임을 역임하면서 밤낮으로 정성을 다하고, 형조에서 옥사를 판결함에 반드시 원통함이 없게 하는 모범을 보였다. 갑자기 병으로 죽어 마음이 무겁다." 라며 위로하는 조문을 보냈답니다.

| 노비에서 형조 판서가 된 반석평(야설)

중종 때 노비 출신으로 형조 판서가 되어 모든 일에 공명정대하게 임했던 반석평1472~1540이 있어요. 신분 간 이동이 엄격했던 조선에서 사람 취급을 받지 못하는 노비가 법을 총괄하는 형조 판서가 되었다는 점이 쉽게 믿기지 않지요? 그는 어떻게 신분을 바꿀 수 있었을까요. 신분이 상승했더라도 글은 어디서 어떻게 배웠을까요. 평생 글공부한 양반들도 과거에 합격하기란 매우 어려운 일인데 말이죠.

반석평은 어느 재상집 노비로 태어났어요. 신분은 낮았지만 영민하고 심성이 착해서 늘 사람들의 사랑을 받는 아이였어요. 그럴수록 반석평의 주인은 안타까움이 커져만 갔죠. 노비가 아니라 양반으로 태어났다면 분명 아주 큰 인물이 되었으리라 확신이 들었으니까요. 그렇게 깊은 고민에 빠져 있던 주인은 사람들 눈을 피해 아들 없는 어느 부잣집의 양자로 반석평을 입양시켜 공부에 전념하도록 배려해 주었어요. 물론 아무도 반석평이 노비였다는 사실을 알 수 없도록 노비 문서를 불태우는 것도 잊지 않았죠.

꿈에도 생각하지 못했던 기회가 주어진 반석평은 누구보다 더 열심히 공부한 결과 과거에 급제하게 됩니다. 임금의 명령을 기록하는 예문관 검열을 시작으로 함경도에서 여진족의 동향을 파악하여 보고하는 등 자신을 필요로 하는 곳이 있으면 어디든 마다하지 않고 나아가 일했어요. 평생 제대로 고개도 들지 못하고 청소와 농사짓는 일만 했을 자신이 어려운 사람을 도와줄 수 있는 관료가 되었다는 사실에 무척이나 감사하면서 말이죠.

그러나 관직 생활이 순탄하지만은 않았어요. 평소 조광조와 친분을 나누며 국정을 논의하던 사이였던 만큼 훈구파의 좋지 않은 눈길을 많이 받다가 결국 탄핵받아 파직되고 말아요. 그렇지만 반석평의 능력이 필요했던 중종이 그를 다시 조정으로 불러요. 이후 그는 병조 참의를 시작으로 함경북도 병마절도사, 충청·전라·경상도 관찰사를 거치며 늘 어려움을 호소하는 백성들을 돌봐주었어요. 그렇게 지방의 여러 관직을 돌던 반석평은 그간의 공로를 인정받아 형조 판서로 임명되자, 억울함조차 호소할 수도 없는 사람들을 위해 발 벗고 돕기 시작합니다.

그렇게 지내던 어느 날 반석평이 퇴근하여 집으로 가는 도중에 어린 시절 주인으로 모셨던 재상집 도련님과 만나게 돼요.

반석평은 자기 삶을 바꿔 준 은인에 대한 고마운 마음으로 달려가고 싶었지만, 동시에 두려움도 밀려왔어요. 천민 출신이라는 자신의 과거가 들통나서 지금의 삶이 무너질까 봐 걱정됐지요. 더 나아가 사랑하는 가족들이 천민이 되어 힘들어 할 모습도 연상됐어요. 그러나 모른 체하고 지나가기엔 가세가 기울어져 초라한 행색을 한 옛 주인의 아들 모습이 반석평의 마음을 아프게 했답니다. 무엇보다 형조 판서로서 힘이 없는 약자를 보호하고 도와주어야 한다고 말하며 살아온 삶이 거짓이 되어서는 안 된다는 생각이 들었어요. 깊은 고심 끝에 자신에게 진실하지 못한 사람이 공정과 정의를 외치는 형조 판서로 있어서는 안 된다는 판단을 내려요.

결정을 내리자 마음이 편안해진 반석평은 조금의 망설임도 없이 옛 주인의 아들 앞으로 나가 과거 노비였던 자신을 드러내며 고맙다는 인사를 건넸어요. 그러고는 자기 집으로 모셔 극진하게 대접했죠. 이튿날 입궐한 반석평은 중종을 찾아가 노비였던 과거를 털어놓으며 어떠한 죄도 달게 받겠다고 용서를 구했어요. 중종은 반석평의 이야기를 듣고 한동안 말이 없었어요. 분명 결론을 내려야 하는데 판단이 서지 않는 겁니다. 사람의 신분이 엄연히 다르다는 것을 전제로 운영되는 조선에서 반석평이 과거의 신분을 숨긴 것은 처벌받아야 하지만, 은혜를 갚으려는 마음으로 천민이었던 사실을 밝힌 용기 있는 모습은 칭찬하고 싶었어요. 뿐만 아니라 그동안 반석평이 백성과 나라를 위해 헌신했던 공로를 무시할 수도 없었죠.

결국 신하들에게 어떤 조치를 해야 할지 물어봐요. 이때 많은 관료들이 형조 판서 반석평의 지위를 그대로 유지해야 한다고 입을 모아 말해요. 더 나아가 옛 주인의 아들에게도 벼슬을 내려 주자고 했죠. 이것은 반석평이 많은 이들의 마음을 얻을 정도로 선한 삶을 살아왔음을 보여 주는 확실한 증표였어요.

이후 반석평은 옛 주인의 아들을 만날 때면 본인이 더 높은 상관임에도 반드시 예의를 갖추고 먼저 인사를 올리며 감사의 표현을 했다고 합니다. 이런 인품을 가진 반석평이 형조 판서로 있는 동안 법이 공명정대하게 적용되었음은 두말할 나위도 없겠죠. 그만큼 억울한 사람이 줄어들면서 세상 사는 맛이 나는 사람이 늘어나지 않았을까요.

| 친인척 비리로 체포된 형조 판서 김문순

1792년 3월 정조는 형조 판서 김문순과 형조 참판 심환지와 이면응을 체포하라는 명령을 내려요. 오늘날 법무부 장관과 차관에 해당하는 형조 판서와 참판이 동시에 체포되어 구금되는 일은 조선 시대에도 정말 흔하지 않은 일이에요. 도대체 어떤 일로 형조 판서와 참판이 동시에 구금되는 일이 벌어졌을까요?

이 사건의 바탕에는 신분제의 변동과 천주교 유입이 있어요. 조선 시대 양반이 양민 또는 천민 사이에서 낳은 아들인 서얼은 아주 오랫동안 주요 관직에 진출할 수 없는 등 신분적 차별을 받아왔어요. 그러나 이들은 포기하지 않고 자신들에게 주어진 차별을 철폐해 달라고 끊임없이 조정에 요구했어요. 그 결과 영·정조 시기가 되면 서얼에 대한 차별이 많이 사라집니다. 영조의 어머니가 궁인을 보필하는 무수리 출신이었다는 점도 영향을 미쳤고, 정조도 자신이 생각하는 국정 운영을 펼치기 위해 기득권을 가진 세력이 아닌 이덕무, 박제가 등 서얼을 중용했어요. 이런 풍조가 확산하면서 지방의 서원과 향교에도 서얼들이 당당하게 이름을 올리고 공부하게 됩니다. 그러나 이런 현상이 마냥 좋은 것만은 아니었어요. 기존 양반들의 반발을 가져오면서 여러 갈등이 발생했거든요.

그런 사례 중 하나로 서얼 출신인 권위라는 사람이 평택 향교에 입학했는데 기존의 양반들이 이를 인정하지 않고 그를 무시하는 일이 벌어져요. 이때 평택 현감으로 이승훈이 부임해요. 우리나라 최초로 세례를 받은 인물이기도 한 이승훈은 양반들의 손을 들어주며 권위 등 서얼 출신을 향교에서 쫓아내요. 이런 조치에 화가 난 권위는 이승훈이 평택 현감으로 와서 3개월 동안 공자를 모신 사당인 문묘를 찾아가 인사하지 않은 일을 꼬투리 잡아 고발하죠. 사실 이승훈은 부임하러 오는 도중에 말에서 떨어져 다리를 다쳐서 문묘에 가지 못한 것이지만, 천주교 신자였다는 과거 일이 발목을 잡아 사문난적[34]으로 몰려 파직됩니다.

권위는 이승훈을 파직시킨 것에 그치지 않고 평택 향교의 기존 세력인 양반들도 천주교를 믿고 있다는 통문[35]을 인근 4개 마을에 돌려요. 더 나아가 성균관장이던 김중순에게도 부탁하여 한양에도 소문을 퍼트립니다. 그로 인해 정조는 매우 입장이 난처해졌어요. 자신이 임명한 이승훈이 파직되는 것에 끝나지 않고, 이승훈을 현감으로 보내 천주교가 확산하는 것을 조장한 임금이 되어버리면 국정 운영을 하는 데 많은 지장을 가져올 것이 뻔했으니까요.

정조는 다시 진상 조사를 하도록 명령했고, 그 과정에서 권위가 고문을 이기지 못하고 죽어 버려요. 성균관장 김중순과 모의했다는 자백을 남긴 채로 말이죠. 그 후 이 사건은 형조에서 처리하도록 이관되었는데, 형조 판서 김문순은 같은 집안사람이던 김중순이 처벌받지 않도록 부당한 압력을 행사했어요. 이를 알게 된 정조는 "올바른 길인 정도를 잡아야 할 곳에서는 정도를 잡아야 하고, 엄하게 막아야 할 곳은 엄하게 막은 후에

34) 성리학에서 교리를 어지럽히고 사상에 어긋나는 언행을 하는 사람을 이르는 말
35) 특정 지역의 유생이나 관료들이 중요한 정치적, 사회적 현안에 대해 자신들의 뜻을 모으고 결속력을 다질 때 주로 사용한 문서

야 비로소 나라가 나라 노릇을 할 수 있고, 사람이 사람 노릇을 할 수 있다."라고 역설하며 국가 기강이 무너진 현실을 크게 한탄합니다. 그러고는 형조 판서 김문순을 비롯해 이에 동조했던 형조의 고위 관리들을 모두 체포한 뒤, 유배지 밖으로 한 발짝도 나가지 못하는 위리안치형을 내려요. 이 사건은 오늘날 우리에게도 많은 시사점을 줍니다. 법을 집행함에 있어서는 어떠한 사심도 개입되지 않고 공명정대함이 최우선되어야 한다는 사실을 말이죠.

생각거리

* 조선 후기 서얼의 신분 상승은 양반층과 갈등을 일으켰습니다. 신분제 변화가 사회에 어떤 긍정적·부정적 영향을 줄 수 있는지 생각해 보고, 자신의 의견을 정리해 보세요.
* 권위는 평택 향교 양반들이 천주교를 믿는다는 '통문'을 돌리고 소문을 퍼뜨렸습니다. 이러한 행위는 오늘날 '가짜 뉴스'나 '온라인 루머'가 퍼지는 것과 유사합니다. 확인되지 않은 정보가 개인의 명예를 실추시키고 사회적 혼란을 일으킬 수 있음을 권위의 사례를 통해 알 수 있습니다. 정보를 받아들이고 전파할 때 어떤 책임감을 가져야 하며, 어떻게 비판적인 태도를 유지해야 하는지 구체적인 방법을 들어 설명해 보세요.
* 정조는 권력자에게도 법을 엄격하게 적용했습니다. 만약 법이 권력자에게만 관대하게 적용된다면 어떤 일이 벌어질까요? 오늘날 우리 사회와 연결하여 자신의 생각을 정리해 보세요.

공조(工曹)

공조 판서 구익을 파직했다. 원릉임금의 무덤의 제사에 쓰는 그릇들을 고칠 때, 구익이 제대로 확인하고 감독하지 못했다.

-『정조실록』

공조의 기능과 변천

국가를 운영하기 위해서는 관청을 짓거나 도로나 성곽 같은 토목 공사를 벌여야 할 때가 많아요. 또한 관청을 운영하기 위해서도 많은 물품이 필요합니다. 이때 각 관청이나 지방 관아에서 자신들의 필요에 따라 각자 토목 공사를 벌이거나 물품을 제작한다면 굉장히 비효율적이겠죠. 그래서 모든 기관에서 필요로 하는 물품을 생산 또는 조달하고, 지방 관아에서 감당하지 못할 비용이 들어가는 큰 토목 공사를 담당하도록 '공조'라는 기구가 운영되었어요.

태조 이성계는 조선을 건국하던 1392년에 고려 때 만들어진 공부工部를 계승하여 공조를 설치했어요. 이후 태종이 공조를 영조사·공야사·산택사 3사로 나누는 등 체계를 잡으면서 500여 년간 존속하게 됩니다.

영조사營造司는 궁궐, 성곽, 관청 건물 등 큰 건물을 짓는 모든 공사를 총괄했어요. 집을 짓는 데 필요한 목재나 벽돌 같은 재료와 가죽이나 모포 같은 물품까지 담당했죠. 공야사攻冶司는 금,

은, 옥 같은 귀금속으로 공예품을 만들고, 도자기와 기와를 굽는 일을 했어요. 길이를 재는 자나 무게를 재는 저울 같은 도량형을 만드는 것도 이들의 역할이었죠. 산택사山澤司는 궁궐의 아름다운 정원과 연못을 관리하고, 건물을 짓는 데 필요한 나무와 돌을 책임졌어요. 강이나 바다를 오가는 배와 나루터를 관리하는 것도 산택사의 업무였습니다. 그러나 3개의 관청으로는 이토록 많은 일을 다 처리할 수가 없었겠죠. 그래서 공조에는 상의원·선공감·수성금화사·전연사·장원서·조지서·와서 등 속아문을 설치하여 운영했답니다. 아마 드라마나 영화를 통해 공조에 소속된 여러 관청을 접해 보지 않았을까 싶네요.

상의원尙衣院은 왕이 입는 옷과 궁궐에서 필요한 고급 물건들을 담당했어요. 특히 금이나 은, 보석 같은 귀한 물건들을 관리하고 공급하는 역할도 했습니다. 선공감繕工監은 도성 전체의 토목 공사와 건축을 책임졌어요. 궁궐을 새로 짓거나 큰 건물을 보수하는 등의 대규모 공사는 모두 이곳에서 진행되었죠. 수성금화사修城禁火司는 궁궐과 도성의 성벽을 고치는 일을 주로 담당했어요. 이들은 평상시 성벽을 점검하고 보수하는 일과 화재 진압하는 소방 업무까지 맡았습니다. 전연사典涓司는 궁궐에서 나오는 쓰레기를 처리하고, 깨끗하게 청소하는 일을 담당했어요. 왕실의 청결을 책임지는 중요한 부서였죠. 장원서掌苑署는 궁궐의 아름다운 화초와 나무를 관리하고, 연못을 가꾸는 일을 맡았어요. 왕과 왕실 가족이 거닐던 정원을 늘 푸르고 아름답게 유지했죠. 조지서造紙署는 관원들이 공문서를 작성하거나 서적을 인쇄하는 데 필요한 종이를 제작했습니다. 와서瓦署는 궁궐이나 관청 건물의 지붕을 덮는 중요한 재료인 기와와 벽돌을 만드는 부서였어요.

공조가 국가를 운영하는 데 필요한 토목 공사와 물품을 조달하기 위해 광범위하게 많은 일을 했지만, 육조의 다른 관청보다는 격이 낮았어요. 아무래도 국가 정책을 결정하고 운영하기보다는 뒷받침하는 기관으로 인식한 것이 주요 이유가 아닐까요. 그래서 세종은 육조의 서열을 정할 때 공조를 마지막 기관으로 정합니다. 하지만 공조는 1894년 '공무아문'으로 명칭이 바뀔 때까지 조선이 운영되는 데 필요한 제반 사항을 도맡아 처리하면서 없어서는 안 되는 중요한 기구로 제 역할을 톡톡히 수행했답니다.

〈공조〉

* **다른 이름** 동관, 수부, 예작
* **담당 업무** 산림, 연못, 기술자, 건축, 도자기, 금속 제련 등에 관한 업무에 관한 일
* **관원** 판서, 참판, 참의, 정랑 3명, 좌랑 3명, 공조(종8품), 공작 2명(종9품), 녹사
* **하급 관청** 영조사, 공야사, 산택사
* **속아문** 상의원, 선공감, 수성금화사, 전연사, 장원서, 조지서, 와서

공조와 비슷한 대한민국 정부 기관

조선(왕정 국가)	대한민국(공화국)
공조	국토교통부, 산업통상자원부, 산림청

형조와 비슷한 업무를 담당하고 있는 대한민국 정부 기관은 국토교통부, 산업통상자원부, 산림청이 있어요. 토목과 건축, 공공시설을 관리하는 측면에서 보면 국토교통부가 공조의 일부 기능을 수행하고 있으며, 에너지·자원 개발·산업 기반 시설을 담당하는 측면에서는 산업통상자원부가 담당한다고 볼 수 있겠죠. 이외에도 산림을 관리하는 측면에서는 산림청도 공조의 기능을 담당하고 있고요.

우선 1948년 교통부로 시작한 국토교통부가 하는 일은 크게 5가지로 나누어 볼 수 있어요. 첫째, 우리나라 전체를 어떻게 보전하고 개발할지 등을 논의하고 실행하는 국토 계획 및 관리입니다. 둘째는 도로·항만·철도·항공·해운 등 모든 교통망을 설계하고 관리하는 교통 정책, 셋째는 국민이 편안하게 살 수 있도록 하는 주택 공급과 낡은 도시를 새롭게 만드는 도시 재생 사업이나 신도시를 개발하는 주택 및 도시 정책이에요. 넷째는 모든 건설 현장이 안전하게 진행되도록 관리하고, 예상치 못한 재해에 대비하는 대책을 세우는 건설 안전이죠. 다섯째는 내비게이션이나 지도 앱처럼 국토의 모든 정보를 데

이터화하고, 이를 활용할 수 있도록 지원하는 공간 정보 관리입니다. 이를 위해 국토교통부는 정책 기획 및 조정하는 기획조정실, 국토 정책과 도시 계획 등을 수립하고 시행하는 국토도시실, 주택과 토지를 관리하는 주택토지실, 건설 산업 진흥과 안전 관리를 책임지는 건설정책국, 도로 안전과 서비스 등을 총괄하는 교통물류실, 항공과 공항의 원활한 운영과 발전을 책임지는 항공정책실, 도로와 관련 시설을 담당하는 도로국, 철도 운영과 관련된 철도국, 자율 주행차 같은 미래의 이동 수단을 연구하고 관련 정책을 만드는 모빌리티자동차국을 설치하여 운영하고 있습니다. 이처럼 국토교통부는 우리가 살고 있는 땅과 이동하는 모든 것을 계획하고 실행하여 국민들의 삶을 더 편리하고 안전하게 만드는 일을 담당하고 있습니다.

1948년 설치된 상공부로 시작한 산업통상자원부는 산업 발전, 수출 증대, 통상 및 국제 협력 확대 등을 통해 기업들의 경쟁력을 향상시키고, 우리 경제를 역동적으로 성장시키는 일을 담당해요. 더불어 경제 성장 및 국민 생활을 뒷받침하기 위해 반드시 필요한 에너지와 자원의 안정적 수급을 위해 노력하고 있죠. 구체적으로 살펴보면 우리나라 기업들이 물건을 만들고 파는 것을 총괄하고, 다른 나라와 무역을 하거나 통상 협상을 진행해요. 그리고 기업들이 새로운 기술을 개발하고 경쟁력을 키울 수 있도록 연구 개발R&D 정책을 수립하고 지원합니다.

석유, 가스, 전기 등 나라의 모든 에너지를 안정적으로 공급하고 관리하는 책임도 맡고 있어요. 최근 중요성이 커진 지식 재산권을 보호하고, 관련 정책을 마련하는 일도 담당합니다. 이처럼 산업통상자원부는 대한민국이 운영되는 데 있어 매우 중요한 역할을 수행하고 있답니다.

1967년 농림부 장관 소속으로 신설된 산림청은 현재 농림축산식품부 산하 중앙 행정 기관이에요. 산림청은 산림 생태계를 보전하고 산불을 예방하며, 산림을 복원하는 일을 해요. 조림과 산림 경영 등 산림 자원을 증식하고, 목재 자원을 관리하며 임산물을 이용하고 개발하는 일도 합니다. 이외에도 시민을 위해 산림 휴양림을 조성하고, 해외 국가들과 산림 협력 관계 수립 및 해외 목재 등 산림 자원을 수급하는 등 다양한 업무를 수행한답니다.

〈국토교통부 주요 업무〉
* 국토 계획 및 관리　　* 교통 정책
* 주택 및 도시 정책　　* 건설 안전　　* 공간 정보 관리

〈산업통상자원부 주요 업무〉
* 산업 발전 및 통상 확대
* 에너지 및 자원 관리　　* 지식 재산권 보호

〈산림청 주요 업무〉
* 산림 보전 및 관리　　* 산림 자원 증식 및 활용
* 산림 휴양 및 국제 협력

◈ 역사 속 공조와 주요 인물

❙ 창덕궁과 경회루를 건설한 박자청

고려 말 이성계를 따라 요동 정벌에 나섰다가 위화도 회군에 찬성해 공신이 된 황희석에게는 박자청1357~1423이라는 노비가 있었어요. 주인을 따라 한양으로 올라온 그는 황희석을 따라다니며 온갖 궂은일을 하다가 한 사건으로 태조 이성계의 눈에 띄게 됩니다. 어떤 사건이냐고요? 박자청이 궁궐을 지키는 입직 군사로 있을 때 이성계의 이복동생이자 개국 1등 공신인 의안 대군 이화가 궁궐에 들어가려 하자, 목숨을 걸고 앞길을 막아섰어요. 이화가 박자청에게 욕설을 퍼붓고 때려 얼굴에 상처가 났음에도 박자청은 "임금의 명령이 없었으니 입궐할 수 없습니다."라면서 끝까지 이화가 궁궐에 들어가지 못하도록 했어요. 이 이야기를 들은 태조는 의안 대군을 불러 혼을 내는 한편, 박자청을 불러 크게 칭찬하면서 국왕 경호를 담당하는 정4품 호군으로 임명해요. 이후 박자청은 밤낮을 가리지 않고 경호 업무를 충실하게 했고, 이를 어여쁘게 본 이성계는 박자청을 작은 공을 세운 사람에게 주던 공신 칭호인 원종 공신으로 책봉하며 그간의 공로를 인정해 주었어요. 노비 출신으로 인생 역전을 이룬 것이지요.

이후 여진족이 국경을 넘어오지 못하게 하는 등 무인으로서 수많은 공로를 세웠지만, 무엇보다 박자청을 유명하게 만든 것은 공조 판서로서 조선을 대표하는 수많은 건축물을 완성한 데 있어요. 박자청이 세운 건축물로 송도의 경덕궁, 한양의 창덕궁, 모화루, 경회루, 개경사, 연경사 외에 경복궁 남쪽에서 종묘까지 이어지는 행랑, 동대문 밖에서 말을 키우는 마장, 연희궁, 태조의 건원릉, 태조의 정비인 신의 왕후가 묻힌 제릉, 용산 군자감, 청계천 준설, 살곶이다리, 한양 도성 등 수도 없이 많아요. 이들 하나하나가 조선을 대표한다는 점에서 박자청의 가장 뛰어난 능력이 건축이었음을 부정할 수 없네요.

더 놀라운 것은 이처럼 훌륭한 건축물이 국가로부터 온갖 혜택과 지원을 받아 이룬 것이 아니라는 겁니다. 오히려 노비 출신이라는 업신여김과 함께 주변 사람들의 시기와 질투를 이겨내며 이룬 업적이었어요. 1412년에는 형조에서 공조 판서인 박자청에게 죄를 물어야 한다며 태종에게 그를 고발하는 일이 벌어져요. 이때 혐의는 박자청이 자신에게 인사를 하지 않은 하급관리 이중위를 폭행했다는 것이었어요. 박자청만이 아니라 주변에 있던 모든 사람이 이중위가 구타당한 일이 없었다고 증언했지만, 형조는 오히려 박자청에게 아부하는 사람 모두를 처벌해야 한다고 소리 높였죠. 이에 태종은 "박자청을 사람들이 미워하는 것은 토목 역사 때문이다."라며 박자청을 두둔합니다. 더 나아가 "박자청은 외롭고 혼자인 사람으로 세력이 없는데 어찌 그에게 붙는 사람이 있겠는가. 태조 때부터 성실하게 오랫동안 일해 온 박자청을 사소한 일로 사헌부, 사간원, 형조가 모두 나서는 것은 옳지 않다. 그대로 두어라."라며 다시는 이 문제를 언급하지 말라고 합니다. 이것은 박자청의 신분이 노비였다는 사실이 마음에 들지 않는 사대부들의 시기와 질투라는 사실을 태종이 알고 있다는 방증이기도 해요.

사실 박자청이 노비 출신으로 출세한 것에 대한 반발만 있었던 것은 아니에요. 어쩌면 한국인의 특징으로 손꼽히는, 어떤 일이든 빨리빨리 마무리 짓는 모습 때문에 벌어진 일도 많아요. 예를 들어 성균관 문묘를 건립하는 과정에서 박자청은 새벽부터 늦은 밤까지 현장에서 인부들에게 일하도록 닦달한 끝에 4달 만에 완성해요. 그래서 '성품이 가혹하고 각박해 어질게 용서하는 일이 없었다. 미천한 데서 일어나 다른 기능은 없고 토목 공사를 감독한 공으로 지위가 재상에 올랐다.'라고 평가받았는지도 몰라요. 그래도 변하지 않는 사실은 박자청이 아주 뛰어난 토목 기술로 수백 년이 넘는 시간을 버틴 건축물을 제작했다는 점이에요. 조선 초 최고의 문장가로 꼽혔던 변계량이 짧은 기간에 건립된 문묘가 개성의 문묘보다 낫다고 평가할 정도로 당대는 물론 오늘날까지도 인정받는 우수한 건축물을 남겼어요. 이는 박자청이 자기 일에 자부심을 갖고 있었고, 67세로 죽기 전까지 태종의 능을 조성할 정도의 성실함을 가지고 있었기 때문이지 아닐까요. 또한 뛰어난 창의력과 임기응변 능력도 한몫했고요. 박자청은 태종의 능인 헌릉을 조성할 때 기근으로 인부 1만 명을 동원하는 것이 어려워지자, 소를 동원하는 방법을 사용해 인부 2천 명으로 공사를 완성해요. 이처럼 새로운 수도에 필요한 궁궐과 전각 등을 세운 박자청이 죽자 세종은 3일간 조회를 정지하고 제문[36]을 내리며 공로를 치하했어요. 그리고는 위엄 있고 행동이 민첩했다라는 뜻을 가진 '익위공'이라는 시호를 내려 주었답니다.

| 뛰어난 기술로 인생 역전에 성공한 이천

세종은 조선을 경영하기 위해서는 반드시 과학 기술이 발달해야 한다고 생각하며 많은 책을 읽었어요. 그러고는 국방을 강화하기 위한 무기, 농업을 진흥하기 위한 천제 기구와 농기구, 유교를 보급하며 인재를 양성하기 위한 금속 활자 주조 등을 고안했어요. 그러면 공조의 뛰어난 기술자들이 세종의 머릿속에 있던 물건을 현실에서 사용할 수 있도록 만들어 냈죠. 이때 대표적인 인물로 많은 사람이 장영실을 떠올리지만, 더 중요한 역할을 했다고 평가받는 인물이 바로 이천1376~1451입니다.

이천은 고려 우왕 2년인 1376년에 경상북도 안동에서 태어났어요. 그의 집안은 고려 시대에 이름만 대면 다 알 정도로 명

36) 죽은 사람을 애도하는 글

문가 집안이었죠. 그러나 최영과 이성계가 부정과 비리를 저지르는 이천의 외삼촌 염흥방을 처형하는 과정에서 이천의 아버지가 죽자, 동생을 데리고 동굴에 몸을 숨겨 살아남아야 할 정도로 집안이 몰락하고 말아요.

자칫 보잘것없는 삶을 살아갔을 그에게 아이러니하게도 자기 집안을 몰락시킨 이성계가 인생 역전의 기회를 제공합니다. 고려의 많은 관료가 조선에 협력하지 않아 인재 부족에 어려움을 겪던 조선 태조는 새로운 신진 관료를 대규모로 채용해요. 이 기회를 놓치지 않은 이천은 18살의 나이로 하위 무관직인 별장을 얻게 돼요. 이후 혁혁한 공을 세우며 충청도 병마절도사까지 승진하죠. 그러나 자신이 좋아하는 일을 하기 위해 고급 무관을 선발하는 시험에 합격하고도 나가지 않습니다. 오히려 공조에 지원하여 참판으로 부임하자, 많은 사람이 고개를 갸우뚱하며 의아해 했어요. 하지만, 무인으로서도 대단한 능력을 갖춘 이천이었기에 공조에만 있을 수는 없었어요. 이후 세종 때 진행된 대마도 정벌에 무인으로 참여하여 공을 세우기도 합니다.

태종의 영향력에서 벗어난 세종이 직접 국정을 운영하게 되자, 그동안 눈여겨보았던 이천에게 금속 활자인 경자자庚子字 제작과 도성 보수를 맡겨요. 드디어 자신이 좋아하고 즐기는 일을 할 수 있게 된 이천은 하루 24시간이 모자랄 정도로 일에 매

▲ 갑인자 활자본

진행했고, 수많은 결과물을 내놓게 됩니다. 우선 표준 저울을 만들고, 사륜차를 개발해요. 또한 목조 건물인 근정전이 불에 타지 않도록 화재 진압에 필요한 갈고리를 설치하고, 숙련되지 않은 병사도 쉽게 다룰 수 있는 노궁을 개발하죠. 그럼에도 불구하고 세종은 다방면으로 뛰어난 이천을 공조에만 묶어두기가 아까워서 여러 관직에 배치합니다. 그러면서도 반드시 빠뜨리지 않고 여러 물건을 제작하는 관청의 책임자로 임명했어요. 잘 모르는 사람이 보면 혹사당한다고 생각될 정도로 업무량이 많았지만, 오히려 이천은 일을 즐겼어요. 호조 판서로 있으면서 간의·혼의·앙부일구 등 천문 기구의 제작을 지휘하고, 십수 년 동안 연구 끝에 조선 전기를 대표하는 구리 활자인 갑인자甲寅字를 만들어 냅니다.

특히 갑인자는 이천의 수많은 업적 중에서 가장 칭송받아요. 기존 활자인 경자자는 인쇄할 때 활자가 움직여서 하루에 20장밖에 찍지 못했는데, 이천이 만든 갑인자는 하루에 40여 장으로 두 배 가까이 인쇄량이 늘어났거든요. 더욱이 주조한 20만여 자에 달하는 글자는 기존보다 아름답다는 평가를 받아요. 이렇게 많은 업적을 쌓을 수 있던 것은 이천이 오래 산 것도 있지만, 일 욕심이 많은 세종이 끊임없이 일을 맡긴 결과이기도 해요. 무려 74살까지 조정에서 일을 했으니까요. 그러나 가장 큰 이유는 즐거운 마음으로 일한 데 있지 않을까요.

▎세종의 꿈을 현실로 만든 장영실

장영실은 아버지가 원나라 소주·항주 출신이고, 어머니는 조선 사람으로 오늘말로 다문화 가정에서 태어났어요. 어머니가 천민인 기녀 출신이었기 때문에 부산에 속한 동래현의 관노로 생활했지요. 장영실은 비록 비천한 신분이었지만, 뛰어난 손기술을 가지고 있었어요. 태종은 농기구나 무기 등을 수리하는 데 탁월한 능력을 가진 장영실을 한양으로 불러다 여러 일을 맡겼답니다.

궁궐에서도 남다른 재주로 못 고치는 물건이 없던 만큼, 세종의 눈에 띄지 않을 수 없었죠. 인재 욕심이 많던 세종은 장영실의 능력을 키우고자 중국에 유학까지 보내 줍니다. 중국에서 각종 천문 기구를 접하면서 실력을 키운 장영실은 귀국 후 이천이 근무하는 상의원에서 일하게 돼요. 인재는 인재를 알아본다는 말처럼 뛰어난 과학자였던 이천이 장영실을 적극적으로 데려가지 않았을까 싶어요.

천문은 왕실의 권위를 높여 주는 일인 동시에 조선이 중국의 속국이 아닌 자주국이라는 사실을 보여 주는 일로 세종이 매우 중요하게 생각한 분야였어요. 세종은 천문 관측에 필요한 기구를 제작하는 데 장영실을 중히 쓰고자 정5품의 상의원 별좌에 임명하며 관노의 신분에서 해방시켜 줬어요. 물론 이 과정에서 반대하는 관료들도 많았죠. 신분제가 흔들리면 사회 질서가 무너진다고요. 그러나 세종의 굳은 의지와 조말생, 유정현 등 여러 관료의 협조로 장영실은 상의원 별좌가 되어 능력을 마음껏 펼칠 수 있는 기회를 얻게 됩니다.

아니나 다를까 장영실은 스스로 시각을 알려 주는 물시계인 자격루를 제작하는 성과를 냅니다. 너무도 기뻤던 세종은 즉시 장영실에게 정4품 벼슬인 호군을 내려 줘요. 사람은 자신을 인정해 주는 사람을 만나면 신명나게 일을 하잖아요. 장영실도 그랬어요. 이후 천체의 운행을 관측하는 혼천의와 자동 물시계인 옥루 등을 연이어 제작해 냅니다. 세종이 구상을 하면, 장영실은 현실에서 사용할 수 있는 물건으로 만들어 낸 거예요.

이처럼 뛰어난 업적을 만들어낸 장영실은 안타깝게도 한순간에 모든 것을 잃게 됩니다. 장영실이 왕이 타는 가마인 안여를 제작하였는데, 세종이 강원도 이천에 있는 온천으로 가는 길에 비가 많이 내리면서 안여가 부서지고 말아요. 그로 인해 장영실은 의금부에서 신문을 당해요. 세종은 부서진 안여를 다시 고쳐서 타면 된다고 말하면서 장영실을 감싸려고 했지만, 관료들의 생각은 달랐어요. 국왕이 크게 다칠 수 있는 상황을 그냥 넘어갈 수 없었던 거죠. 결국 장영실은 장 80대를 맞게 됩니다. 그리고 이후의 장영실에 관한 기록이 남아 있지 않아요. 이를 두고 후대 사람들은 천문 사업에 매진하는 조선을 압박하는 명나라와의 갈등에서 벗어나고자, 또는 실무 책임자인 장영실을 보호하기 위해 세종이 일부러 벌인 일이었다라고 말하기도 해요. 우리는 진실을 알 수 없지만, 장영실이 갑작스럽게 사라진 것은 매우 안타깝기만 합니다. 장영실이 좀 더 활동했다면 천문·활자 등 많은 분야에서 자랑스러운 문화유산을 더 많이 만들 수 있지 않았을까요.

생각거리

* 장영실은 천민이라는 어려운 신분에도 불구하고 뛰어난 기술로 큰 업적을 남겼습니다. 만약 여러분이 장영실이었다면, 그런 사회적 한계를 극복해 나가는 과정에서 가장 힘든 점은 무엇이고 그것을 어떻게 이겨냈을지 상상하며 이야기해 보세요.
* 세종의 믿음과 기회는 장영실을 위대한 발명가로 만들었습니다. 사회가 재능 있는 사람에게 공정한 기회를 주는 것이 왜 중요한지 자신의 생각을 말해 보세요.
* 장영실의 마지막은 안타깝게도 가마가 부서지는 사건이었습니다. 이 사건이 당시 장영실과 국가에 어떤 영향을 미쳤을지 생각해 보세요.

III

왕을 보좌했던 승정원

앞으로는 반드시 승정원을 거쳐야 하며, 그렇지 않은 경우 내시가 그 말을 받아들이지 못하게 하고, 또한 승정원을 통하지 않고는 어떤 명령도 공표할 수 없도록 하라.

-『세종실록』

"홍국영이 도승지로 임명된 지 얼마나 되었는가?"

"아마 3년이 넘었을 것 같은데."

"너무 오래 하는 거 아닌가. 아무리 능력이 있어서 정조의 총애를 받는다고 해도 과하다는 생각이 들어. 지금까지 도승지 중에 이토록 오래 한 인물이 있던가? '물이 고이면 썩는다.'라는 말이 절로 떠올려지는구먼."

"맞아. 전하 곁에서 한시도 떨어지지 않고, 눈과 귀를 가리고 있으니 세상이 제대로 돌아가겠는가?"

"그래서 사람들이 홍국영을 대후겸이라고 수군거리지 않는가."

승정원은 왕 곁에서 사무를 보조하는 관청이에요. 승정원은 어떤 일을 담당했고, 오늘날 어떤 정부 조직과 가장 비슷할까요? 또 승정원과 관련된 사건과 인물은 누가 있을까요. 한 번 알아보죠.

승정원의 기능과 변천

왕명 출납과 국정 문서 처리 등 왕을 보필하는 승정원은 국왕의 힘에 따라 역할과 기능이 달라졌어요. 세종 때는 승정원의 비중이 너무 커서 다른 관료들의 반발이 일어나기도 했어요. 세조 때도 신숙주와 한명회 등 원상[37]이 승정원에서 정무를 보면서 권한이 매우 커집니다. 반면 왕이 어리거나 무능력하면 승정원은 제 기능을 발휘하지 못했어요.

승정원은 도승지, 좌승지, 우승지, 좌부승지, 우부승지, 동부승지 6명으로 구성되었는데, 모두 정3품 당상관이었어요. 이 밖에도 주서 2명과 서리 28명이 승정원에서 왕을 보필했죠. 6명

37) 전직 대신으로서 승정원에 나가 근무하며 정무를 의논·결정하던 공로를 세운 신하

의 승지는 육조의 업무를 나눠 맡았는데, 대체로 도승지는 이조, 좌승지는 호조, 우승지는 예조, 좌부승지는 병조, 우부승지는 형조, 동부승지는 공조를 담당했어요. 승지들은 승정원에서만 일하지 않고, 다른 기관의 직책을 겸임하기도 했어요. 예를 들어 홍문관 직제학, 내의원·상의원 등의 부제조, 전옥서 제조 등을 맡기도 했죠. 이렇게 겸직한 이유는 여러 기관의 정보를 빠르게 모으고, 왕의 명령을 신속하게 전달함으로써 국왕을 더 잘 보필하기 위해서였답니다.

2명의 주서는 품계가 정7품이라 낮게 보일 수도 있지만, 맡은 역할이 굉장히 중요했기 때문에 아무도 함부로 대하지 못했습니다. 승지의 지휘 아래 승정원에 보관된 여러 서적과 문서를 관리했지만, 무엇보다 중요한 일은 승정원에서 일어난 모든 일을 기록하는 것이었어요. 이 기록이 바로 『승정원일기』입니다. 여기에는 왕명 출납, 관리 임명, 행정, 외교 같은 국가 운영 전반의 내용이 빠짐없이 담겨 있어서 나중에 『조선왕조실록』을 편찬할 때 핵심 자료로 활용되었어요. 이들이 작성한 『승정원일기』의 분량은 『조선왕조실록』보다 무려 4배나 많습니다. 덕분에 조선의 역사와 일상을 훨씬 더 생생하게 잘 알 수 있게 되었죠. 아직 한글 번역이 다 끝난 건 아니지만, 현재도 꾸준히 번역 작업이 진행되고 있으니 언젠가 더 쉽게 접할 수 있을 거예요. 게다가 『승정원일기』는 이미 유네스코 세계 기록 유산으

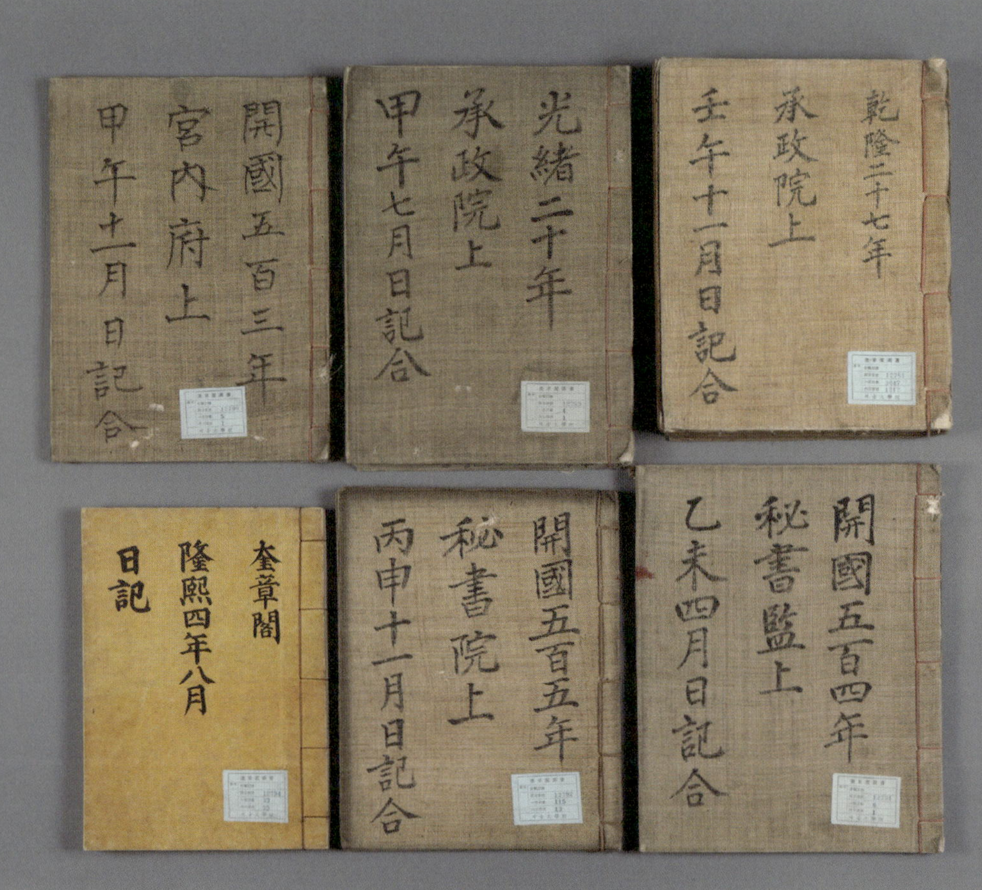

▲『승정원일기』

출처: <승정원일기>, 국가유산청

로 등재되어 있습니다. 우리 역사와 문화가 그만큼 값지고 자랑스러운 기록이라는 뜻이죠.

〈승정원〉

* **다른 이름** 정원, 후원, 은대, 대언사
* **담당 업무** 왕명의 출납
* **관원** 승지 6명, 주서 2명, 서리 28명

승정원과 비슷한 대한민국 정부 기관

조선(왕정 국가)	대한민국(공화국)
승정원	대통령비서실

조선 시대의 승정원과 비슷한 역할을 하는 기관이 오늘날 청와대 대통령비서실이라고 보시면 됩니다. 대통령비서실은 대통령의 직무를 보좌하는 중앙 행정 기관인데요, 쉽게 말해서 국정을 운영하는 대통령을 지원하여 일을 더 효율적으로 처리할 수 있도록 돕는 곳이에요. 구체적으로 살펴보면 대통령의 국정 목표를 실현하기 위해 정책 방향을 설정하고, 각 부처 간 협의를 조율하는 정책 기획 및 조정 기능을 맡고 있어요. 또 대통령이 임명하는 고위 공직자나 공공 기관 임원에 관한 인사를 지원하고, 인사 위원회를 통해 그 과정이 공정하게 이루어지도

록 합니다. 이와 함께 대통령 친족이나 특수 관계자, 그리고 공직자들의 부패를 감시하는 감찰 업무도 수행하죠. 마지막으로 대통령의 외부 일정, 국내외 귀빈 접견, 의전 행사 관리도 대통령비서실의 중요한 역할 중 하나입니다. 정리하자면, 대통령비서실은 대통령이 국가를 운영하도록 옆에서 챙겨 주고 조율해 주는 기관이라고 할 수 있답니다.

이런 역할을 잘 수행하기 위해서 대통령비서실 안에는 비서실장을 중심으로 여러 수석이 배치되어 있습니다. 예를 들어 정무수석, 홍보소통수석, 경청통합수석, 민정수석 등이 있는데, 이들이 대통령과 직접 소통하여 신속한 의사결정이 이루어질 수 있도록 지원하는 거죠. 또한 대통령비서실은 국무총리실이나 행정안전부 같은 다른 부처와 협력하기도 합니다. 하지만 동시에 대통령이 스스로 독자적인 결정권을 보장받을 수 있도록 균형을 맞추는 노력도 함께 기울이고 있습니다.

〈대통령비서실 주요 업무〉

* 정책 기획 및 조정
* 인사 지원 및 감찰
* 의전 및 일정 관리
* 대통령의 신속한 의사 결정 지원

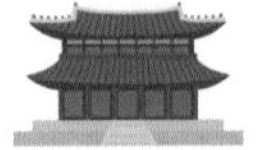

역사 속 승정원과 주요 인물

| 태조 즉위 교서를 읽은 도승지 안경공

조선 최초로 도승지에 오른 인물은 안경공1347~1421이에요. 고려 시대 명문가에서 태어난 안경공은 공민왕 때 과거에 합격한 이후 다방면에서 큰 활약을 펼쳤어요. 조선 시대 이조, 형조, 예조에 해당하는 관청에서 실무 능력을 갖추었고, 경상도에 있을 때는 노비들이 일으킨 난을 진압하기도 했죠. 하지만 옳다고 생각하는 바가 있으면 반드시 이야기해야 하는 성품으로 인해 고초를 겪기도 합니다. 예를 들어 정몽주가 고려 관리 출신인 윤이와 이초의 옥사에 연루된 사람들을 두둔했다는 이유로 정몽주를 탄핵했다가 좌천당하기도 했어요. 그러나 이런 모습이 태조 이성계의 눈에 정의롭고 강단 있는 모습으로 보이면서 조선이 건국되기 한 달 전 좌승지로 임명됩니다.

1392년 7월 17일 태조가 즉위하고 28일 즉위 교서를 반포할 때, 안경공은 오늘날 대통령 비서실장격인 도승지로 승진해 교서를 읽어요. 그리고 이듬해 대사헌으로 옮길 때까지 약 8개월간 도승지를 역임합니다. 이것은 태조에게 있어 안경공이 가장 믿을 수 있는 신하였다는 사실을 보여 주는 것이겠죠. 이후로도 전라 감사로 왜선 3척을 격파하고, 태종 때는 오늘날 서울시장에 해당하는 판한성 부사를 지내며 백성들의 어려운 삶을 어루만져 주는 선정을 베풀어요.

그러나 태종에게 제1차 왕자의 난 때 죽은 정도전과 남은의 죄를 감해 달라고 요청한 일로 한동안 중앙 정계에서 큰 활약을 펼치지 못합니다. 정도전과 남은을 죽이고 왕이 된 태종으로서는 안경공의 요청이 여간 부담스러운 것이 아니었겠죠. 그러나 안경공은 세종에게 인정받아 1424년 영의정에 오르게 됩니다.

『세종실록』을 보면 안경공의 인물평으로 '사람됨이 단정하고 근엄하다.'라고 기록하고 있어요. 그래서일까요? 평소 온순하고 착한 성품을 의미하는 양良, 의로운 일을 좇는 삶을 살았음을 의미하는 도度를 사용해 '양도공'이라는 시호를 받습니다.

❙ 정조 때 도승지와 숙위 대장을 맡으며 거만해진 홍국영

정조가 의지했던 홍국영1748~1781은 정조의 외할아버지 홍봉한과는 10촌 관계였고, 영조의 계비 정순 왕후의 오라버니인 김귀주와는 8촌 사이예요. 집안도 좋은데 얼굴도 잘생기고, 시와 노래도 잘했지요. 그래서일까요? 『한중록』에 영조가 홍국영을 손자라고 부를 정도로 아꼈다고 기록되어 있어요. 이런 점을 보았을 때 홍국영은 어려서부터 궁궐에 자주 드나들며 정조와 친분을 나누었다고 추측할 수 있어요.

24세의 나이로 과거에 급제한 홍국영은 2년 뒤 왕의 덕목을 가르치는 관아였던 세자시강원에서 세손이던 정조의 공부를 돕고 조언하는 스승 역할을 하게 됩니다. 정조와 홍국영은 이 기간 우정을 다지며, 앞으로 정국을 어떻게 운영할지를 논의하고 서로의 뜻을 확인하게 되었죠. 이후 홍국영은 정조가 홍인한과 정후겸에게 맞서 대리청정을 수행할 수 있도록 물심양면으로 도와주었어요. 특히 노론 벽파가 정조를 죽이려는 음모를 막아 내며 정조에게 꼭 필요한 존재로 각인됩니다.

정조는 즉위하자마자 홍국영을 승정원의 총책임자인 도승지로 임명하여 자신의 옆에 뒀어요. 이것은 정조가 국정을 홍국영과 같이 논의하여 결정하겠다는 선언으로 봐도 무방했지요. 정조가 재위하는 동안 도승지로 임명된 사람은 85명으로 평균 99일간 재임했어요. 홍국영이 도승지로 1,204일 동안 있었다는 것은 그가 정조의 신임을 얼마나 받았는지를 여실히 보여줍니다. 정조는 정책을 보좌하는 일만 홍국영에게 맡긴 것이 아니었어요. 정조 신변의 안전도 책임지게 했어요. 홍계희 가문이 세 번에 걸쳐 역모를 꾀하자, 정조는 자신의 신변을 책임질 호위 기관으로 숙위소를 창설하면서 대장으로 홍국영을 임명하죠. 또한 훈련대장과 금위대장도 홍국영에게 맡겨 막강한 권력을 부여합니다.

한 사람에게 권력을 집중하는 것이 얼마나 위험한지를 잘 아는 정조였지만, 홍국영밖에는 다른 대안이 없었거든요. 그렇기에 군권을 부여하고 자신의 옆에서 국정을 보좌하는 일을 맡겼던 거예요. 홍국영도 정조의 기대에 부응하여, 왕권을 위협하는 세력을 제거하는 데 주저함이 없었어요. 정조를 대신하여 영조와 정조의 외척을 제거하는 홍국영을 가로막을 것이 없었죠. 그 결과 어떤 권력자도 홍국영 앞에서는 몸을 사릴 수밖에 없었답니다. 이런 홍국영을 보고 정조는 "만약 경이 없었다면 오늘의 내가 있었겠는가."라며 칭찬을 아끼지 않았어요. 이런 홍국영의 모습에 손뼉 치며 환영하는 사람도 있었지만, 권력이 집중되는 모습을 경계하는 이들도 있었어요. 그래서 이들은 홍국영의 횡포가 정후겸 못지않다는 의미로 대후겸이라 부르기도 했습니다.

홍국영은 권력의 본질을 너무도 잘 아는 인물이었어요. 권력을 오랫동안 갖기 위해 송시열의 후손이던 송덕상을 우대하며 산림 세력을 자신의 지지 기반으로 만들었어요. 산림이란 정치에 직접 참여하지는 않지만, 학식과 덕망으로 정치에 영향을 미치는 사람을 말해요. 이에 그치지 않고 왕비가 자식을 낳지 못한다는 이유로 13살인 자기 누이동생을 후궁으로 입궐시켜요. 이후 정조와 처남·매부 사이가 된 홍국영은 누구도 건들 수 없는 막강한 존재가 됩니다. 역사에서 권력을 좇는 사람은 자신이 가진 것을 잃을까 두렵거나, 더 큰 권력을 가지려고 추악한 짓을 저지르는 경우가 많아요. 홍국영도 예외는 아니었죠. 잘못을 바로잡으려던 모습은 사라지고 권력에만 집착하는 홍국영만 남았답니다.

궁에 들어간 누이동생이 이듬해에 죽자, 홍국영은 정조의 왕비 효의 왕후가 누이동생을 독살했다고 의심했어요. 그리고 누이동생이 독살당한 증거를 찾겠다고 궁궐 나인에게까지 칼을 빼 들고 위협하며 돌아다녔지요. 결국 증거를 찾지 못한 그는 정조의 이복동생 은언군의 아들을 자신의 죽은 누이동생의 양자로 삼아 세자로 책봉하고자 했어요. 이는 신하로서 절대로 해서는 안 되는 월권 행위이자, 왕을 무시하는 처사였죠. 그동안 홍국영의 횡포를 참아 왔던 정조도 이 소식에 아연실색하고 말아요. 궁궐에서 칼을 들고 궁인을 협박하고 다음 후계자를 정하려는 홍국영을 더는 자기 신하로 볼 수가 없었거든요.

1779년 정조는 홍국영을 궁으로 불러서는 한동안 깊은 대화를 나누었어요. 둘이 나눈 이야기는 전해지지 않지만, 정조와 독대를 마친 홍국영은 "신이 대궐 문을 나가서 다시 세상에 뜻을 둔다면 하늘이 반드시 벌을 줄 것입니다."라며 모든 관직을 내려놔요. 이에 정조는 "이전과 이후 천년에 이와 같은 군주와 신하의 만남이 언제 있었고, 또다시 있겠는가. 드디어 흑발의 봉조하도 있게 되었다."라며 그에게 원로대신이나 받을 수 있는 봉조하를 내려요. 봉조하란 사임한 관료에게 국가 의식이 있을 때만 참여하는 대가로 녹봉을 지급하는 거예요. 즉, 홍국영이 나라를 위해 큰일을 했음을 공식적으로 인정하겠다는 뜻이죠. 이때 홍국영의 나이는 32세에 불과했어요. 그러자 다른 관료들이 홍국영의 죄를 묻지 않고 왜 봉조하를 내리냐며 항의했죠. 이에 정조는 "홍국영의 잘못은 모두 짐의 허물이며 과실이다."라며 다른 관료들이 항의하지 못하도록 홍국영을 감싸주었어요. 홍국영도 자기가 내뱉은 말처럼 한양을 떠났고, 얼마 뒤인 1781년 강릉 근처 바닷가에서 생을 마감합니다.

생각거리

* 정조는 홍국영에게 군사권과 정치 권력을 집중시켰습니다. 한 사람에게 권력이 몰리면 어떤 장단점이 있을까요? 역사적 상황과 오늘날 사회를 비교해 보세요.
* 홍국영은 자신의 권력을 사적으로 이용했습니다. 공적 권력을 사적으로 사용할 때 어떤 문제가 생길 수 있는지 구체적으로 생각해 보세요.
* 홍국영은 명문가 출신에 뛰어난 재능을 가졌지만, 결국 불명예스럽게 삶을 마감했습니다. 그의 이야기에서 오늘날 우리가 배울 수 있는 교훈은 무엇일까요? 홍국영의 삶이 우리에게 주는 시사점에 대해 자기 생각을 자유롭게 논술해 보세요.

IV

치안을 담당했던 의금부

의금부에서 성삼문 등의 반역죄를 고하니

연루된 자들의 처벌을 명하다.

–『세조실록』

"윤원형과 정난정이 스스로 목숨을 끊었다는 소식 들었어?"

"그러게. 그토록 나쁜 짓을 했으니 속 시원한 사람이 많을거야. 그런데 참 어이 없게 죽기는 했어."

"멀리서 의금부도사를 보고 목숨을 끊을 줄 누가 알았겠는가? 그토록 소심한 사람들이 어찌 그리 큰 나라의 도적이 되었는지 알다가도 모를 일이야."

"사실 나는 조금 이해는 가. '의금부' 이 소리만 들어도 오금이 저리지 않는가? 아무 잘못을 하지 않았어도 말이야."

의금부는 왕의 명령을 받아 역모와 같이 큰 잘못을 저지른 사람을 체포하여 죄를 묻고 재판하는 관청이에요. 의금부는 어떤 일을 담당했고, 오늘날 어떤 정부 조직과 가장 비슷할까요? 또 의금부와 관련된 사건과 인물에는 누가 있는지 알아보죠.

의금부의 기능과 변천

의금부는 역모와 같은 반란, 유교 덕목에 어긋나는 강상죄, 왕의 명령을 받들어 죄인을 신문하는 추국, 재심 혹은 삼심, 대외 관계 범죄, 외국인 범죄, 밀무역, 외국 공관 감시 등 매우 중차대한 범죄나 주변국과 마찰을 일으킬 수 있는 민감한 사항을 다루는 특별 사법 관청이에요.

좀 더 자세히 살펴보면, 첫째는 왕권을 강화하고 유지하는 데 방해가 되는 역모만이 아니라 왕명을 거역하는 일을 단속하고 응징하는 일을 합니다. 두 번째로 부모를 때리거나 살해하는 등 유교 윤리에 어긋나는 행동에 대한 죄를 묻고 처벌했어요. 셋째로 형조처럼 다른 사법 기관에서 판결을 내린 사건을 재심하거나, 백성이 억울한 일을 하소연할 때 울리던 신문고를 주관하여 실질적인 삼심 기관으로서의 역할을 했죠. 넷째로 외국 공관을 감시하고 밀무역을 단속하는 등 대외 관계 범죄를 전담했어요. 마지막으로 양반 관료의 범죄를 다루었어요. 이외에도 왕의 명령을 받들어 백성들의 실정을 파악하거나 피해를 주는 일을 금지하는 등 특별한 임무를 수행하거나, 죄인의 재산 처리, 고사장에서 소란 행위를 막는 일들도 수행했답니다.

의금부를 책임지는 도제조는 정1품의 정승이 겸직하고, 아래로 종1품 이하의 당상관으로 구성된 3명의 제조가 있었어요. 이들은 정해진 임기 없이 사건이 발생하면 의금부 소속이 되어 죄인을 추궁하는 임무를 수행했어요. 실무는 정3품의 진무 2명 밑으로 부진무 2명, 지사 2명, 도사 4명이 도맡아 처리했어요. 그중에서도 특히 도사가 의금부의 주축으로 활동했죠. 이들은 왕명을 받들어 자신보다 품계가 높은 관리를 체포할 수 있었고, 죄인을 유배지로 데려가거나 자결하라는 명령을 전달하는 일도 했어요. 이 밖에도 신문하는 장소인 추국장을 정비하고 의금부 감옥인 옥사를 관리하는 일도 도사가 해야 하는 일이었답니다.

이들 밑으로 사무정리를 담당하는 영사 40명, 죄인을 체포하고 압송하는 일을 담당하는 무관직인 백호 80명, 죄인을 압송하는 데 동원되는 하급 군졸인 나장 100명, 의금부 소속 사졸로 순찰과 도적을 잡는 도부외 1천 명이 근무했습니다. 영조 이후로는 영사의 품계가 종6품에서 종9품으로 낮아져요. 영사와 나장의 숫자도 줄어들어 『속대전』에서 영사는 18명, 나장은 40명을 두는 것으로 규정합니다.

〈의금부〉

* **다른 이름** 조옥, 금부, 왕부, 금오
* **담당 업무** 역모, 강상죄, 밀무역 등 중죄를 다루는 특별 사법 기관
* **관원** 도제조(정1품), 제조 3명(종1품 이하), 진무 2명(정3품), 부진무 2명(종3품), 지사 2명, 도사 4명, 영사 40명, 백호 80명, 나장 100명, 도부외 1,000명

역사 속 의금부와 주요 인물

사헌부와의 갈등과 신문고 설치

신문고申聞鼓는 억울한 일을 당한 백성이 직접 왕에게 하소연할 수 있는 통로였어요. 즉, 조선이 백성의 소리에 귀를 기울이는 나라였음을 보여 주는 상징물이었죠. 이것은 다른 말로 조선의 애민 정신을 보여 준다고도 할 수 있어요. 신문고는 윤조와 박전 두 관료가 태종에게 "송나라 태조가 등문고를 설치하여 백성들의 사정을 들었습니다. 지금까지도 사람들이 칭송하고 아름답게 여기니 우리도 설치하시옵소서."라고 건의한 데서 시작해요. 두 차례 왕자의 난을 거쳐 왕에 오른 태종이었던 만큼 성군의 모습을 보여 줄 수 있는 신문고 설치를 반대할 이유가 없었겠죠. 그래서 즉시 '등문고' 대신 '신문고'라는 명칭으로 의금부 앞에 설치하여 억울한 백성이 북을 울려 호소할 수 있도록 했습니다.

하지만 신문고는 단순히 백성의 소리에 귀를 기울이기 위해 설치한 것만은 아니었어요. 태종은 자신을 따르지 않는 관료 세력을 억누르는 용도로도 사용했거든요. 조선 시대는 범죄를 수사하고 처벌하고 형량을 결정하는 사법 기관이 의금부, 사헌부, 형조, 한성부 등 다양했어요. 이들 중에서도 사헌부와 의금부는 양반과 관료들을 대상으로 한다는 점은 같지만, 다른 점도 있어요. 사헌부가 관리들의 범죄와 부정부패를 다루었다면, 의금부는 왕의 명령에 따라 다른 수사 기관이 접근하기 어려운 범죄를 다루었거든요. 조금 더 살펴보면 사헌부는 왕의 잘못도 지적하는 언론의 기능을 하고 있어서 왕권을 견제하는 역할을 수행해요. 반면 의금부는 왕을 내쫓을 수 있는 역모를 다루는 만큼 왕권을 강화하는 역할을 했죠. 그렇다 보니 사헌부와 의금부가 부딪히는 일이 생각보다 많았답니다.

하나의 예를 들어볼까요. 태종이 사헌부를 책임지는 대사헌과 그 이하 관료들을 의금부로 보내 신문하라고 명령해요. 이들이 체포된 것은 태종의 처남이던 민무회가 노비의 일로 불충한 말을 내뱉었다는 것이 이유였어요. 사실 여기에는 불편한 사실이 숨어 있어요. 태종은 처가 여흥 민씨의 도움을 받아 두 차례의 왕자의 난을 일으킬 수 있었어요. 특히 민무회 등 4명의

▲ 신문고를 치는 백성
출처: AI 생성 이미지

처남이 사병을 동원하여 이방원을 지지하고 도와주지 않았다면 왕위에 오르지 못했을 정도로 이들의 역할이 매우 컸죠. 그러나 왕위에 오른 태종은 이들의 세력이 커지는 것을 경계하지 않을 수 없었어요. 역사를 살펴보았을 때 외척의 힘이 세졌을 때 나라가 위태로워질 것을 누구보다 잘 아는 태종이었으니까요.

그런데 사헌부가 태종 이방원의 명령을 어기며 민무희를 체포하지 않은 거예요. 왕권을 견제하는 기능을 하는 사헌부로서는 태종의 의도대로 하고 싶지 않았던 거죠. 이 모습에 화가 난 태종은 사헌부에 대한 자신의 불편한 속내를 숨기지 않았어요. "내 진실로 그들의 간사한 마음가짐을 더럽게 여겼으나, 꾹 참고 오늘에 이르렀는데 끝까지 참을 수 없어서 지금 옥에 내려 다스리는 것뿐이다. 우리나라는 본래 군신의 예절이 있는 나라라고 일컬어 오는 터에 사헌부에서 감히 이럴 수가 있는가? 어찌 기강을 바로잡는 권력을 가지고서도 이같이 하는가? 우리나라의 기강이 가소로울 뿐이다."라고 말이에요.

이처럼 왕의 의중이 반영되어 관료를 처벌할 수 있는 의금부가 사람들에게 얼마나 무서운 관청이었을까요? 하나의 예로 명종 때 외척으로서 권력을 남용했던 윤원형과 정난정이 귀양살이할 때 "의금부 도사가 온다."라는 소리에 겁을 집어먹고 스스로 목숨을 끊을 정도로 의금부는 매우 무서운 사법 기관이었어요. 그런 점에서 백성의 소리를 듣는 신문고가 의금부 당직청 앞에 설치된 것은 어떤 의미가 있었을까요? 백성의 입장에서는 자신들의 억울함을 왕이 직접 해결해 줄 수 있다는 믿음을 주지 않았을까요. 반면 관료들의 입장에서는 의금부 앞에 있는 신문고가 굉장히 부담스러웠을 거예요. 자신들이 저지른 잘못을 백성이 고발하면 왕이 직접 해결하겠다는 의지를 보인 만큼 매 순간 최선을 다해 나랏일을 하지 않았을까요.

의금부로 반대 세력을 제거한 연산군

조선 27명의 왕 중에서 가장 폭군은 누구일까요? 바로 연산군1476~1506이에요. 연산군은 왕으로 즉위한 초창기에는 관료들과 특별한 갈등을 일으키지 않고 국정을 잘 운영해 나갔어요. 그러나 연산군이 아버지 성종의 명복을 빌기 위해 불교 의식인 수륙재를 시행하려 하자 관료와 유생들이 반대하는 일이 벌어져요. 연산군은 신하들의 행동이 도를 넘었다고 생각하며 사화[38]를 일으켜 왕권을 바로 세우려 했죠. 그렇지만, 점차 권력이 주는 달콤함에 취한 연산군은 나라를 위태롭게 하고 백성의 삶을 어렵게 만들어요.

연산군이 관료들을 통제하기 위해 가장 많이 활용한 관청은

38) 관료와 선비들이 정치적 반대파에게 몰려 참혹한 화를 입는 일

어디였을까요? 왕의 명령으로 신문하고 처벌할 수 있는 권한이 있는 의금부였어요. 그래서 연산군은 의금부에 많은 힘을 실어 주는 반면 관료들을 대변하는 사헌부는 매우 싫어해서 권한을 박탈하려는 모습을 여러 번 보여 줍니다. 한 예로 국정을 어지럽히던 연산군의 후궁 장녹수가 백성들의 집을 강제로 빼앗다가 사헌부에 적발돼요. 그러자 연산군은 "사헌부가 민원을 빙자하여 개인 간의 계약을 간섭한 것은 잘못이다."라며 대사헌 이자건을 비롯한 이하 관료들을 체포해 버려요. 그로 인해 사헌부는 일할 사람이 부족하여 제 역할을 하지 못하게 됩니다. 이것은 연산군이 노린 일이기도 했어요.

얼마 후 연산군은 어머니 폐비 윤씨에게 사약을 주었던 이세좌가 유배형에서 풀려나자, 그를 찾아간 자들의 명단을 내놓으라고 호통을 쳐요. 이에 승지가 사헌부에는 더는 조사할 사람이 없다고 말하자, 연산군은 의금부에서 맡아서 처리하라고 명령합니다. 그러고는 얼마 후에 고문을 잘하는 자를 의금부에 보내라고 하죠. 이것만이 아니었어요. 연산군의 잘못을 사헌부가 비판하자 대사헌을 의금부에 투옥하고, 사헌부의 일부 관직을 없애버립니다.

반면 의금부는 더 넓은 곳으로 옮기게 하고는 밀위청으로 이름을 바꾸며 확대 개편해요. 그러고는 처리하는 사건에 반드시 정승과 승지가 참여하도록 하는 등 의금부의 권한을 강화합니다. 실록에 따르면 '사대부로서 매를 맞는 자가 없는 날이 없었으나 모두 죄가 있어서가 아니었고, 또 비방하는 의논이나 대화를 금하는 법을 만들어 감찰로 하여금 날마다 방방곡곡을 사찰하게 하였다.'라고 해요. 이런 것을 보면 법을 다루는 기구는 권력자로부터 독립성이 확보되어야 한다는 생각이 드네요.

생각거리

* 연산군은 자신의 잘못을 지적한 사헌부 관료들을 처벌했습니다. 지도자가 비판을 받아들이는 태도를 보이는 것이 왜 중요한지, 오늘날의 사회와 연결해 보세요.
* 연산군 시대에는 법을 집행하는 기관이 왕에게 종속되어 있었습니다. 법 집행 기관이 권력으로부터 독립되어야 하는 이유를 구체적으로 설명해 보세요.
* "법을 다루는 기구는 권력자로부터 독립성이 확보되어야 한다는 생각이 드네요."라는 문장에 동의하는지를 밝히고, 연산군 시대의 사례를 근거로 법치주의와 사법 독립의 중요성에 대해 논술해 보세요.

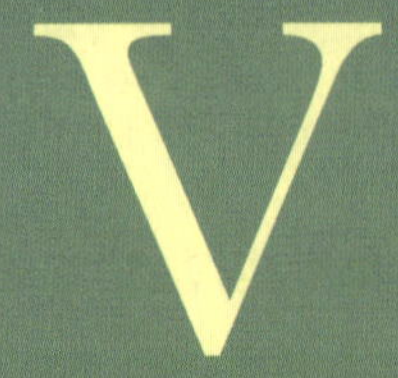

수도 한성을 총괄했던 한성부

한성부 판윤 서지가 아뢰기를,

"제가 한성부 판윤이 된 지 오래되었습니다.
소송을 처리하는 관리란 반드시 총명해야 하며,
사람들이 진술하고 주장하는 말들을 모두
기억하고 구분할 수 있어야 합니다."

– 『중종실록』

“한성부 관아가 그렇게 크다지?”

“무려 172간이라고 하던데. 다른 관청과 비교해 봐도 엄청나지 않은가.”

“한성부에서 일하는 직원만 130명이 넘으니 건물도 커야겠지. 다른 관청보다 일하는 관원이 많지 않은가.”

“하긴. 한성부가 하는 일이 좀 많은가. 그 인원으로도 부족하지 않을까 싶어.”

“그래서 한성부를 책임지는 한성 판윤은 정2품이 되어야 임명되지 않는가. 그만큼 한성부의 권한을 강화하겠는 왕의 의지가 담긴 거지?”

한성부는 조선의 수도 한성을 총괄하는 것에 그치지 않고 경찰과 사법부의 권한까지 행사한 관청이에요. 한성부가 어떤 일을 담당했고, 이와 관련된 사건과 인물에는 무엇이 있는지 알아보죠.

한성부의 기능과 변천

조선의 수도는 한성으로 오늘의 서울이죠. 이곳을 관할하는 관청은 한성부지만 중앙 관청인 육조와 동등한 권한과 책임이 주어졌어요. 이것은 나라를 운영하는 국왕이 사는 수도라는 상징적 의미도 있지만, 한성이 국가의 안위와 깊은 관계를 맺고 있기 때문이에요. 정치와 경제의 중심지인 한성과 왕의 안위를 책임져야 한다는 점에서 한성부가 국가의 안전을 책임지는 최전방에 있다고 본 거죠.

한성부는 1395년부터 1910년까지 515년간 존속했습니다. 그렇다면 한성부에서 하는 일은 무엇이었을까요? 한성부는 육조처럼 육방 제도가 있어서 업무를 체계적이고 전문적으로 수행할 수 있었어요. 이방吏房은 관원의 근무 성적을 평가하여 승진시키거나 처벌하는 인사 업무를 담당하고, 호방戶房은 서울 인구와 가구 수를 조사하여 세금을 징수하고 시전을 관리하는 업무를 담당했어요. 예방禮房은 공주 등 왕실의 배우자를 선정하는 간택 절차를 주관하고, 묘지 분쟁 같은 소송을 처리했습니다. 형방刑房은 도둑질이나 폭행 등 형사 사건을 담당하면서 시신의 검안까지도 맡아 처리했죠. 병방兵房은 궁궐과 도성을 순찰하고, 화재 예방과 진화를 담당했습니다. 마지막으로 공방工房은 도로, 하천, 교량, 성곽 등을 보수하고 건설하는 일을 했어요.

그렇다면 한성부가 관할했던 구역은 어디일까요? 흥인지문-숭례문-돈의문-숙정문으로 이어지는 사대문의 한성 안쪽과 함께 도성 바깥 10리까지가 한성부 관할 지역이었어요. 오늘날 지명으로 보면 동쪽으로는 우의동·장위동·이문동·전농동, 남쪽으로는 중랑천에서 흐르는 물이 합류하는 지점에서 시작하여 한강을 경계선으로 했어요. 서쪽으로는 망원동·남가좌동·대조동에서 북한산 비봉으로 연결되는 선으로 하였고, 북쪽으로는 비봉에서 북한산 동쪽 능선이 되겠네요. 한성부가 담당했던 인구수를 보면 조선 전기에는 10만여 명, 조선 후기에는 20만여 명이에요. 당시로서는 한성부가 관리해야 할 면적과 사람이 너무 크고 많다 보니 5구역으로 나누고, 그 밑으로 52개의 방으로 세분화하여 관리했답니다. 지금의 행정 구역인 '구',

'동'으로 이해하면 되겠죠.

비록 지금의 서울과 비교하면 관할하는 면적과 인구의 수가 적지만, 조선 시대 한성부가 가진 역할과 권한은 현재보다 더 컸어요. 그것을 보여 주는 것이 한성부의 수장인 한성 판윤의 품계예요. 정2품이 되어야 임명될 수 있다는 점에서 육조에 비견되는 관청임을 보여 주죠. 그 밑으로 종2품 좌·우윤 각 1명이 있었어요. 판윤은 지금의 서울특별시장이 되고, 좌윤과 우윤은 부시장이 되겠죠. 그 아래로도 판윤을 보좌하는 종4품 서윤, 행정 실무를 담당하는 종5품 판관, 군직을 담당하는 정7품 참군이 있죠. 여기서 끝이 아니라 그 밑으로 더 많은 인원이 한성부에서 근무했어요. 문서를 작성하거나 기록하는 서리 41명, 호적을 담당하는 서원 11명, 글자를 베껴 쓰는 서사 1명, 소송문을 담당하는 소차서리 3명, 행정 업무를 수행하는 대령서리 1명, 창고 등 관청의 자산을 관리하는 고직 1명 등 58명과 심부름하는 사령 47명, 관료를 모시는 관노인 구종 14명, 군사 7명 등 총 130여 명이 한성부에서 근무했어요.

〈한성부〉

* **담당 업무** 한성 인구·가구 수 조사, 소송 처리, 형사 사건 처리, 도성 순찰 및 화재 예방, 도로와 성곽 등 보수 및 건설
* **관원** 한성 판윤(정2품), 좌윤(종2품), 우윤(종2품), 서윤(종4품), 판관 2명(종5품), 참군 2명(정7품), 서리 41명, 서원 11명, 서사, 소차서리 3명, 대령서리, 고직, 사령 47명, 구종 14명, 군사 7명

한성부와 비슷한 대한민국 정부 기관

조선(왕정 국가)	대한민국(공화국)
한성부	서울특별시청, 서울특별시 경찰청

한성부와 비슷한 기관은 서울특별시청과 서울특별시 경찰청입니다. 서울특별시청은 25개 자치구와 약 940만 명의 시민을 위해 행정과 정책을 총괄하는 지방 정부이면서 국가 중앙 정부와 유사한 기능을 하는 특별 지방 행정 기관이에요. 한성부에 육조와 동등한 권한과 책임이 주어졌던 것처럼 서울특별시도 지방자치법 제110조에 따라 일반 도道보다 더 강한 자치 권한을 가지고 있어요. 그에 따라 시장은 장관급으로서 중앙 부처와 직접 협의할 수 있답니다. 조선 시대와 매우 흡사하죠.

서울특별시가 하는 일은 크게 7개로 정리해 볼 수 있어요.

첫 번째로 행정 및 자치 운영이에요. 25개 자치구의 행정을 조정 및 감독하며, 민원 처리와 인허가 등 일상 행정 서비스를 제공합니다. 두 번째는 도시 계획 및 건설이에요. 많은 시민이 거주하는 만큼 공공 주택을 공급하는 등 도시 계획을 세우고 도로와 지하철 등 교통 인프라를 구축해요. 세 번째는 교통 행정이에요. 버스와 지하철 등 대중교통 정책을 계획하고 실행합니다. 네 번째는 복지·보건으로 취약 계층을 지원하고 장애인과 노인을 위한 복지 센터 등을 운영합니다. 다섯 번째는 문화와 관광 진흥을 위한 노력이에요. 서울이라는 도시브랜드를 육성하기 위해 관광 명소를 관리하고 예술 활동을 지원하는 노력을 펼쳐요. 여섯 번째는 경제와 산업 지원입니다. 청년 창업과 스타트업을 위한 환경을 조성하고 전통 시장과 중소기업의 성장을 도와요. 일곱 번째는 교육입니다. 서울시교육청과 협력하여 공교육의 환경을 개선하고, 평생 학습관이나 시민 대학을 운영하죠.

서울특별시 경찰청은 1945년 미군정하에서 창설되었어요. 대한민국 정부가 수립된 후에는 내무부 산하로 편입되었다가 경찰청이 창설된 이후 지금은 서울특별시 경찰청으로 불리고 있어요. 현재 대한민국 수도 서울의 치안과 법 집행을 담당하면서 전국에서 가장 큰 경찰청으로 자치 경찰 사무와 국가 경찰 사무 두 가지를 수행합니다. 자치 경찰 사무는 지방 자치 단체와 협력하여 절도·실종·여성과 아동 보호 등 생활 안전과 교통 단속·예방 등 교통 안전, 지역 치안 계획 수립 및 시행, 학교 폭력 예방에 힘쓰는 것을 말해요. 국가 경찰 사무로는 살인·강도·마약 등 강력 범죄를 수사하고, 간첩·테러 등을 예방하는 일이 있죠. 또한 서울 도심의 대규모 시위가 질서 있게 진행될 수 있도록 하며, 해킹과 디지털 성범죄 등 사이버 범죄와 관련된 일을 처리합니다.

〈서울특별시청 주요 업무〉

* 도시 계획 및 건설
* 교통 행정
* 복지 및 보건
* 문화 및 관광 진흥
* 경제 및 산업 지원
* 교육 지원

〈서울특별시 경찰청 주요 업무〉

* 자치 경찰 사무
* 국가 경찰 사무

역사 속 한성부와 주요 인물

자리를 보전하기 어려운 한성 판윤

한성 판윤은 "영의정 하기보다 한성 판윤 내기가 더 어렵다."라는 말이 있을 정도로 부임하기 어려운 자리였어요. 판윤에 임명되기 위해서는 어느 당파에도 치우치지 않아야 했으며, 외가 쪽 3대까지 꼼꼼하게 살핀 후에야 임명되었거든요. 그러나 역설적이게도 515년 동안 한성 판윤을 거쳐 간 사람은 총 2,012명이나 됩니다. 평균 재직 기간을 계산하면 3개월로 짧아요. 특히 고종 때는 한성 판윤의 재임 기간이 매우 짧았어요. 1864년 이우가 한성 판윤에 임명되고 나서 1907년 박의병이 마지막 한성 부윤으로 부임하기까지 총 429명이 임명됩니다. 1890년에는 한 해에만 25명이나 바뀌었고, 평균 재임 기간도

36일에 불과했죠.

더욱이 한성 판윤은 왕과 신하들이 모여 의논하던 어전 회의에 출석하여 국정을 논의하고, 중국 사신을 영접하고 보내는 외교 업무도 담당하다 보니 한성부 자리를 비울 때가 많았어요. 그렇다 보니 한성 판윤이 이토록 짧은 재위 기간에 일을 제대로 할 수 있었을까 하는 의문이 듭니다. 한성부 관원의 얼굴을 익히고, 자신이 무엇을 해야 하는지 업무를 파악하기에도 매우 부족한 시간이었을 테니까요.

그럼 짧게 근무한 한성 판윤은 누구이고, 파면되었던 사유는 무엇이었는지 살펴볼까요. 가장 짧은 기간 한성 판윤에 있었던 사람은 철종 즉위년에 임명된 김좌근으로 반나절만에 파면되었어요. 정조 때 한성 판윤으로 임명된 서유대는 하루 만에 무관직인 금위 대장으로 발령나면서 교체되지요. 이처럼 단 하루를 버티지 못한 한성 판윤이 5명이나 됩니다. 이외에도 153명이 열흘을 채우지 못했어요.

그럼 한 달을 조금 넘긴 한성 판윤의 사례를 살펴볼까요. 제944대 한성 판윤으로 임명된 홍상한은 임명된 지 한 달이 조금 안 되었을 무렵 "소나무 가지 껍질이 벗겨져 말라 죽어가는 일이 많으니 군에서 감시하게 해 주십시오."라고 건의했어요. 이 말을 들은 영조는 아침부터 한성 판윤이 소나무 가지처럼 하찮은 일을 거론하는 것이 옳으냐면서 파직하라는 명령을 내립니다. 제1214대 한성 판윤이던 구익은 정조가 행차하는 날 창경궁 홍화문 앞에 쌓여 있는 눈길을 치우지 않았다는 이유로 한 달하고 11일 만에 파면되었고요.

이처럼 한성 판윤이 자주 교체된 데에는 사실 불편한 진실이 담겨 있어요. 조선 시대 관료들은 '구경九卿'이라고 해서 의정부 좌·우참찬, 육조 판서, 한성 판윤을 두루 거치는 경력을 대단하게 여기며 자랑스러워했어요. 가문의 영광으로 받아들일 정도로 말이죠. 그래서 많은 관료들은 정승이 되기 전 반드시 거쳐야 하는 자리로 한성 판윤을 생각하는 경우가 많았어요. 문제는 이들 대다수가 한성 판윤이라는 직책에 탐을 낼 뿐 실질적인 업무에 관심을 두지 않았다는 거죠. 즉, 한성 판윤으로서 책임감을 갖고 행동하기보다는 '해 봤다'라는 것에만 의미를 둔 사람이 많았다는 거예요. 유독 고종 때 한성 판윤이 429명이나 임명된 것은 매관매직과 부실 인사로 벌어진 참사였고요. 이런 일은 시민이 직접 일할 시장을 선출하는 오늘날에는 상상도 하기 어렵죠. 그런 점에서 민주주의 제도가 매우 감사하다는 생각이 드네요.

최초로 순직한 한성 판윤 정희계

조선 최초의 한성 판윤은 고려 말 문신이자 무신으로 문무에 뛰어났던 성석린1338~1423이에요. 그는 고려 말 뛰어난 유학자였던 이제현에게 재능을 인정받았으며, 공민왕 때 과거에 급제한 이후 문과 시험을 주관하는 시험관인 지공거로 활동하기도 했어요. 또한 왜구에 맞서 전투를 벌일 때는 죽음을 각오하고 누구보다 앞장서서 승리를 가져온 명장이기도 했어요. 무엇보다 이성계의 역성혁명에 참여하면서 조선의 기틀을 세우는 데 크게 일조했지요. 조선 건국 후에는 한성부 판사한성 판윤 이전 명칭로 도성 건설을 추진합니다. 아무래도 이것은 문무에 능하고 과감한 추진력을 가진 성석린의 능력 때문 아니었을까요.

그 뒤를 이어 제2대 한성 판윤에 임명된 사람은 정희계 1348~1396입니다. 고려 말 최영 밑에서 활동했기에 어찌보면 이성계와는 정적에 가까운 사이였어요. 그러나 위화도 회군 이후 최영이 패배하면서 정희계는 이성계의 사람이 되어 기존과 다른 새로운 삶을 살게 됩니다. 여기에는 정희계의 뛰어난 능력을 인정받은 것도 있지만, 정희계의 아내 역할도 컸어요. 왜냐하면 정희계의 아내는 이성계가 가장 사랑했던 여인 신덕 왕후 강씨의 조카였거든요.

조선 건국 후 이성계를 도운 공로를 인정받아 개림군에 봉해진 정희계는 전 한성 판윤 성석린이 하던 일을 이어받아 한양 도성을 쌓았어요. 조선 시대에는 농사를 짓지 않는 시기에 사람들을 불러 모아 대규모 토목 공사에 동원하는 만큼 정해진 기간 내에 목표한 토목 공사를 마무리 짓는 것이 매우 중요했어요. 이것이 실력 있는 관료인지를 평가하는 척도가 되기도 했거든요. 그래서 정희계는 열심히 한양 도성을 완성하는 일에 잠도 제대로 자지 않으며 매진했어요.

그런데 한양 도성을 쌓는 도중 흥인지문 부근에서 문제가 발생합니다. 흥인지문 일대의 땅은 지대가 낮고 물이 많은 지역이어서 다른 성문 공사처럼 기존 토층에 성을 쌓을 수 없었어요. 나무를 땅속 깊이 박아 물이 많은 취약성을 보완하고, 그 위에 돌을 포개어 올린 다음에야 성을 쌓을 수 있었죠. 즉, 다른 지역에 비해 노동력과 시간이 더 많이 필요하다 보니 이 구역을 맡은 안동과 성산부 사람들을 농사를 짓도록 고향으로 돌려보내기 어려운 상황이 벌어져요.

경상도 관찰사 심효생은 기왕 멀리 왔고, 새로운 도성을 쌓는 일인 만큼 10여 일 더 일을 시킨 후 돌려보내자고 말했어요. 이에 정희계는 태조 이성계를 찾아가 "백성들은 속일 수 없습니다. 전하께서 씨 뿌릴 때가 되었으니 모두 돌려보내어 농사를 짓게 하라고 말씀하시지 않으셨습니까. 그 말씀에 기뻐하지 않은 이가 없었는데 이제 와서 안동과 성산부 사람들만 남겨 두면 그 민심이 어떻겠습니까? 하물며 이들이 역사를 마치지 못한 것은 지세가 그런 까닭이지 백성들이 게을러서 그런 것이 아닙니다."라고 항변합니다.

태조 이성계는 자신의 공로를 인정받으려는 마음보다는 백성을 먼저 생각하는 정희계를 크게 칭찬하며 안동과 성산부 사람들을 고향으로 돌려보내요. 하지만 얼마 뒤 정희계가 죽었다는 안타까운 소식이 들려와요. 아직 무엇하나 제대로 자리 잡지 못한 도성의 살림을 알뜰히 살피다가 순직한 것이었죠. 어쩌면 한성이 오랫동안 한 나라의 수도로서 제 역할을 다한 것은 제2대 한성 판윤 정희계의 노력과 마음이 후대 사람들에게 전해졌기 때문은 아닐까요.

생각거리

* 정희계는 도성 공사보다 백성의 농사 시기를 먼저 생각했습니다. 지도자가 백성의 삶을 우선하는 태도를 가지는 것이 왜 중요한지 자신의 생각을 정리해 보세요.
* 정희계는 자신의 이익보다 백성을 먼저 생각하다가 순직했습니다. 이런 '공직자의 자세'가 오늘날에도 왜 중요한지 자신의 생각을 구체적으로 정리해 보세요.
* 정희계는 한양 도성을 쌓는 일에 잠도 제대로 자지 않으며 매진하다가 결국 순직했다고 합니다. 오늘날 역시 자신의 직책에 열정을 쏟는 공직자들이 많은데, 정희계의 이러한 희생이 당시 백성들에게 어떤 의미로 다가갔을지 상상하여 이야기해 보세요.

VI

언론과 사법을 담당한 사헌부

어의 허준이 망녕되어 잡된 약을 써서

마침내 선왕을 돌아가시게 했으니

청컨대 법에 따라 죄를 주소서.

-『광해군일기』

"사헌부는 정확하게 어떤 일을 하는 곳이야?"

"갑자기 그건 왜 물어보는 건가?"

"어느 날은 사간원, 홍문관, 사헌부를 언론을 담당하는 삼사라고 하면서 사간원 관리와 함께 '대간'이라고 부르지 않는가? 그런데 어느 날은 백성들의 소송을 처리한다면서 형조, 한성부와 함께 삼법사라고 부르더란 말이지."

"틀린 말은 하나도 안 보이는데 왜 그러는가?"

"근데 이것 말고도 관리 임명장을 심사하기도 한다는데, 정확하게 사헌부가 하는 일이 무엇인지 모르겠네."

"그것은 사헌부가 그만큼 중요한 일을 한다는 말이 아닌가. 그래서 사헌부에서 일하는 사람들은 뛰어난 능력을 갖춰야 한다고 사람들이 그러더군."

사헌부는 언론과 사법 활동 등 다양한 일을 담당하던 관청이에요. 사헌부가 어떤 일을 담당했고, 이와 관련된 사건과 인물에는 누가 있는지 알아보죠.

사헌부의
기능과 변천

신라 시대의 사정부, 고려 시대의 사헌대·어사대·감찰사를 계승한 조선 시대 사헌부가 담당한 일은 크게 다섯 가지로 나누어 볼 수 있어요. 첫째는 정치의 옳고 그름을 논의하여 바른 방향으로 이끌어 주고, 부적절하거나 부당한 인사를 막는 역할을 수행했어요. 정치적인 문제의 옳고 그름에 관한 언론 활동이죠. 사간원과 더불어 사헌부는 '언론 양사', 즉 바른말을 하는 두 관청으로 불리면서 왕의 언행에 잘못이 있으면 바로잡는 간쟁과 관리들의 부정과 비리를 조사하여 직위에 있지 못하도록 탄핵하는 일을 했어요. 사실 간쟁은 사간원에서만 하도록 규정되어 있었지만, 실질적으로 사헌부에서도 이루어졌어요.

둘째는 의정부와 육조의 대신들이 왕과 만나는 자리에 참석하여 정책과 법률 제정에 관련된 일들을 함께 논의했어요.

셋째는 왕을 모시고 유교 경전과 역사서를 강의하던 경연과 세자를 교육하는 자리인 서연에 참석하여 의견을 나누었어요. 왕이 행차하면 반드시 따라다니며 보호하는 일도 사헌부의 주요 업무였지요.

넷째는 서경, 즉 왕이 새 관리를 임명한 뒤 그의 이름과 이력 등을 적어 사헌부와 사간원의 대간에게 임명 가능 여부는 묻는 일을 했죠. 예조에서 국정을 논의한 사항을 정리한 공문인 의첩이나 5품 이하의 관리 임명장인 고신을 심사하고 동의하는 서경을 사간원과 함께 처리했답니다.

다섯째는 사법 활동이에요. 법령을 집행하고, 관리들의 잘못을 밝히는 규찰, 죄인에 대한 심문, 억울한 백성의 소송을 재판하는 일을 담당했어요. 중죄인의 경우 의금부와 형조와 얽히는 일이 많았고, 백성들의 소송은 형조·한성부·장례원 등과 겹치긴 했어도 법을 다루는 중요한 기관이기 때문에 삼법사三法司 중 하나로 불렸어요.

사헌부의 업무가 사간원과 함께 처리해야 하는 경우가 많다 보니 두 관청의 관원을 함께 부를 때 '대간'이라고 불렀고, 사헌부의 관원만 부를 때는 '대관'이라고 부르며 구분 지었어요. 사헌부의 관리는 왕의 잘못을 비판하고, 관리를 탄핵하는 일을 하는 만큼 자부심이 매우 컸어요. 또한 이들보다 벼슬과 품계가 높은 관리들도 사헌부 관리를 존중해 주었답니다.

〈사헌부〉

* **다른 이름** 상대, 오대, 백부
* **담당 업무** 언론, 관리 규찰과 탄핵, 풍속 교정
* **관원** 대사헌(종2품), 집의(종3품), 장령 2명(정4품), 지평 2명(정5품), 감찰 24명(정6품)

역사 속 사헌부와 주요 인물

| 태종의 미움을 충심으로 되돌린 대사헌 맹사성

청백리이자 뛰어난 재상으로 세종을 도와 태평성대를 만드는 데 크게 일조했던 인물로 맹사성1360~1438이 있어요. 그는 늘 상대방을 배려하고 검소한 생활로 1427년에서 1435년까지 오랜 세월 재상직을 역임하고 76살에 은퇴했어요. 오랫동안 재상을 지냈으니 순탄한 관직 생활을 했다고 생각할 수 있지만, 현실은 그렇지 않았어요. 조선이 건국된 뒤 은퇴할 때까지 13년 동안 1번의 좌천, 4번의 파직, 2번의 유배를 경험했으니까요. 특히 사헌부를 책임지는 대사헌에 임명된 1408년에는 태종에게 목숨을 잃을 뻔하기도 했어요.

사건의 전말은 다음과 같아요. 태종의 사위이자 개국 공신

조준의 아들인 조대림의 집에 관노 출신의 목인해가 자주 드나들었어요. 관노의 신분에서 벗어나 출세하고 싶었던 목인해는 조선 삼군 도총제부의 총제로 있던 조대림을 꼬드겨 사사로이 군사를 움직이게 했어요. 그러고는 조대림이 반역을 도모했다고 고발했죠. 다행히도 철저한 조사 끝에 목인해의 계략이 밝혀지면서 조대림은 풀려납니다.

하지만 맹사성 등 사헌부와 사간원 대간들이 조대림도 군사를 사사로이 움직인 것은 잘못이라며 다시 옥에 가둬야 한다고 주장했어요. 이에 태종은 조대림은 본래 죄가 없는데 사건을 키우는 것은 왕실을 약하게 만들려는 것이 아니냐고 물으며, 대간들에게 '모약왕실왕실을 약하게 만든다'이라는 글귀를 진술서에 넣으라고 강요했어요. 결국 대사헌 맹사성을 비롯한 대간들은 고문을 이기지 못해 '모약왕실'을 진술서에 쓰고, 사형 선고를 받게 됩니다. 그럼에도 맹사성은 태종을 원망하지 않고 왕과 사직을 위해 기꺼이 죽겠다는 시를 남기죠.

맹사성을 비롯한 사헌부와 사간원의 관료들이 죽게 되었다는 사실에 많은 개국 공신이 태종을 찾아가 왕명을 거둬달라고 요청했어요. 이숙번은 "맹사성의 직책이 언관이어서 국가를 위해 해야 할 말을 했을 뿐이지 다른 마음은 없었을 것이옵니다."라면서, 맹사성이 심한 고문을 이기지 못하고 '모약왕실'이라고 자백한 것으로 처형하는 것은 옳지 못하다고 변호했어요. 영의정부사 하륜 외에도 권근, 조영무, 성석린을 비롯한 개국 공신이자 원로대신들도 태종 앞에서 맹사성에게 내려진 극형을 철회해 달라고 요청했답니다.

태종도 맹사성을 위해 이토록 많은 사람이 변호하는 모습에 깜짝 놀랐던걸까요. 아니면 이번 기회에 조선의 진짜 주인이 누군인지 보여 주고 싶었는지도 모르겠어요. 맹사성을 비롯한 관료들이 저잣거리에서 형 집행을 기다리고 있을 때, 태종은 "내 뜻이 이미 결정되어서 가볍게 바꿀 수 없지만, 임금이 혼자서 국가를 다스릴 수는 없다. 경들도 어찌 나를 잘못된 길로 빠뜨리고자 하겠는가? 경들의 말을 따르겠다. 경들도 왕실이 약해지지 않도록 도모하라."라며 왕명을 철회해요. 이로써 태종은 신하들의 말에 귀를 기울이는 군주라는 사실과 함께 왕권이 신권보다 위에 있음을 확실하게 보여 줍니다.

맹사성은 사형을 면하는 대신 장 100대를 맞고 유배를 떠나게 돼요. 그러나 불행은 끝나지 않았어요. 이듬해에는 태종의 처남 민무구 형제의 옥사와 관련하여 아들 맹귀미가 고문을 이기지 못하고 죽거든요. 그럼에도 공과 사를 구별하여 나랏일에 최선을 다하는 모습을 보여 주었어요. 이런 모습에 태종은 맹사성을 깊이 신임하여 예조 판서, 호조 판서 등 중요한 곳에 임명했어요. 뒤를 이은 세종도 맹사성의 뛰어난 충심과 재주를 사랑하여 76세까지 재상으로 임명하며 자신을 돕게 했지요. 이런 것을 보면 자신이 맡은 바 일에 최선을 다하는 삶이 얼마나 중요한지 알게 되네요.

❙ 김제신의 풍문 탄핵 논쟁

성종은 재위 8년이 되는 해에 사헌부 대사헌에 양성지1415~1482를 임명하고자 했어요. 양성지는 세종 때 집현전 직제학으로 『고려사』를 수정하는 작업에 참여하고, 국정 운영에 도움되는 여러 개혁안을 제시한 인물이에요. 문종이 즉위했을 때는 국방의 중요성을 강조하며 「동국양계일체비어」라는 상소문을 올리고, 단종 때는 「조선도도」, 「팔도각도」와 같은 지도를 제작하는 등 다양한 분야에서 왕성한 활동을 펼치며 재능을 인정받았어요. 특히 세조에게 큰 신임을 받아서 국정 운영을 논의하는 자리에 빠진 적이 없을 정도였어요. 양성지는 홍문관 설치를 건의하고 그곳의 제학에 임명되자 『동국통감』 편찬에 참여하고 「동국지도」를 제작해요. 이외에도 방납 폐지와 농업을 장려하는 방법을 건의하고, 국방을 튼튼하게 만들기 위해 노력합니다. 이런 공로를 인정받아 사헌부 대사헌, 공조 판서 등을 역임하게 돼요. 세조는 다방면에서 활약하는 양성지를 두고 '나의 제갈량'이라고 부를 정도로 신임했어요.

성종의 입장에서도 뛰어난 능력으로 국정을 이끌어 왔던 양성지를 곁에 두고 싶었던 것은 당연한 일이겠지요. 그러나 생각지도 못했던 난관에 부딪히고 말아요. 사헌부 장령이던 김제신1438~1499이 양성지의 임명을 강하게 반대하며 탄핵했거든요. 김제신이 내세운 이유는 양성지가 이조 판서로 재임할 때 탐욕에 눈이 멀어 많은 뇌물을 받았다는 것이었어요.

양성지는 사헌부 대사헌에 임명되지 못하는 것보다 부도덕하다는 이유로 대사헌이 되지 못한 것으로 세간에 인식되는 것에 두려움을 느꼈어요. 더군다나 자신을 보필할 부하 직원이 탄핵을 주도했다는 사실을 사람들이 어떻게 인식하고 받아들일지 걱정됐어요. 그래서 김제신에게 자신이 언제 누구로부터 뇌물을 받았는지 근거를 제시하라고 물었죠. 성종도 뇌물 받은 사실을 어떻게 알게 되었는지를 김제신에게 물어요. 성종의 입장에서도 자신이 내린 인사에 대한 비판이기에 촉각이 곤두설 수밖에 없었겠죠.

김제신의 대답은 '풍문 탄핵'이었어요. 즉, 뚜렷한 증거는 없지만 양성지가 뇌물을 받았다는 소문이 있기에 대사헌이 되어서는 안 된다는 주장이었어요. 조선은 대간에게 권력자의 눈치를 보지 않고 비판할 수 있도록 소문만 듣고도 사안을 조사할 수 있는 권한을 부여했거든요. 이것을 풍문 탄핵이라고 해요. 혹시라도 소문과 조사 결과가 다르게 나오더라도 어떠한 처벌도 받지 못하도록 보호해 주었어요. 그래야 언론이 독립성을 갖게 되니까요.

하지만, 양성지의 사헌부 수장 임명을 두고 신하들간에 갑론을박이 벌어졌어요. 정창손 등은 풍문으로 대신을 탄핵해서는 안 된다고 말하며, 철저한 조사를 통해 소문의 진원지를 밝혀야 한다고 말했죠. 그러나 성종은 김제신의 손을 들어주었어요. 그리고 양성지를 이틀 만에 대사헌의 직에서 물러나게 하는 한편, 김제신은 해임하지 않았어요. 자신의 명예가 땅에 떨어졌다고 생각한 양성지가 "남에게 들었다고 하고 혹은 모든 사람들이 다 아는 일이라고 대답하기도 합니다. 소위 남에게 들었다면 그는 누구이며 모든 사람이 다 안다고 하면 그들은 또 누구입니까?"라며 사실 여부를 가려 달라고 요구했지만, 성종은 결정을 바꾸지 않았어요. 국정을 운영하는 데 있어 언론의 독립성이 더 중요하다고 생각한 것이죠.

그러나 조선 후기에 가면 성종이 생각한 대로 언론의 독립성이 지켜지지 않았어요. 오히려 겉으로는 언론의 독립성을 내세우면서 속으로는 상대 붕당을 헐뜯어 끌어내려 이익을 얻으려는 일들이 많이 일어납니다. 역사를 살피다 보면 아무리 잘 만든 법과 제도라도 그것을 운영하는 사람이 더 중요하다는 생각이 듭니다. 만약 여러분이 성종이라면 어떤 판단을 내리시겠어요?

생각거리

* 풍문 탄핵은 권력을 견제하는 데 도움이 되지만, 근거 없는 소문으로 누군가의 명예를 해칠 수도 있습니다. 이런 제도에는 어떤 장단점이 있다고 생각하나요? 자신의 생각을 정리해 보세요.
* 성종은 뛰어난 신하인 양성지를 대사헌으로 임명하려 했지만, 결국 '언론의 독립성'을 위해 풍문 탄핵을 받아들였습니다. 만약 여러분이 성종이라면, 능력 있는 인재를 포기하면서까지 언론의 독립성을 지키려 했을까요? 어떤 점을 가장 중요하게 생각하고 판단했을지 이야기해 보세요.
* "아무리 잘 만든 법과 제도라도 그것을 운영하는 사람이 더 중요하다."라는 글의 결론을 중심으로, 법과 제도를 '운영하는 사람'의 윤리적 태도와 역할이 얼마나 중요한지 구체적인 역사적 사례나 현대 사회의 사례를 들어 자신의 견해를 말해 보세요.

VII

올바른 정사를 위한 **사간원**

사간원에서 아뢰기를,

"지금 가뭄으로 인해 사면령이 내려졌는데,

이대로 가다가는 하늘의 노여움을 사게

될 것이니, 속히 철회하소서."

–『명종실록』

"사간원은 궁궐 안에 있다는 게 사실인가?"

"그렇지. 그래서 궁궐 안 관청이라는 뜻에서 궐내각사라고 하지 않는가. 근데 갑자기 그건 왜 묻는가?"

"아니 삼사 중 하나인 사헌부가 궁궐 밖에 있잖아. 왜 같은 언론 기관인데 사간원은 궁궐 안에 있는지 궁금해서 그러지. 자네는 이유를 아는가?"

"당연히 알지. 사헌부는 관리와 백성을 상대로 일하니까 궁궐 밖에 있어야 하지. 그러나, 사간원은 오로지 왕의 언행이나 정치를 비판하지 않는가."

"그건 나도 안다네. 근데 그것이 무슨 상관인가?"

"아 참. 답답하네. 왕이 어디에 사시고, 어디에서 나랏일을 하오? 궁궐 아닌가."

"아하~ 왕을 상대로 하는 관청이라 궁궐 안에 있어야 한다는 말이구만. 이제 이해했소."

사간원은 왕의 언행이나 정치를 비판하여 올바른 정사를 펼칠 수 있도록 도와주는 관청이에요. 사간원이 어떤 일을 담당했고, 어떤 사건과 인물이 있는지 알아보죠.

사간원의 기능과 변천

사간원은 간쟁과 논박을 담당하던 관청이에요. 간쟁이란 왕의 언행이나 정치를 비판하고 바로잡을 수 있도록 건의하는 일을 말해요. 논박이란 잘못된 정치나 부적절한 인사를 지적하고 바로잡는 일을 말합니다. 그래서 사간원의 명칭에서 간諫은 '충고하다'라는 뜻을 담고 있답니다.

사간원이 했던 일을 자세히 알아볼까요. 첫째는 언론 활동이에요. 왕의 잘못을 지적하고 고칠 것을 건의하는 간쟁, 불법을 행한 관원을 고발하는 탄핵, 어떠한 정책이나 정치 활동에 대한 평가로 더 나은 국정이 되도록 하는 시정, 관직 임용에 있어 적절한 인물인지를 조사하고 평가하는 인사가 사간원의 주요 업무입니다. 둘째는 왕이 고위 관료들과 국정을 논의하는 자리에 참여하여 의견을 제시하는 거예요. 세 번째는 왕을 모시고 유교 경전과 역사서를 강의하는 경연과 세자를 교육하는 서연에 참석하여 의견을 제시하고, 왕의 궁궐 밖으로 나갈 때마다 반드시 옆자리를 지키며 보호하는 일입니다. 네 번째는 5품 이하의 관원을 임명하는 데 동의하는 임명장인 고신과 의정부에서 논의하여 결론 낸 주요 정책을 심사하고 동의하는 서경을 담당했어요.

사간원의 관리가 되는 것은 보통 어려운 일이 아니었어요. 뛰어난 학문과 능력 그리고 인품을 갖추는 것은 물론 자기 자신을 포함하여 4대에 걸쳐 죄가 없는 집안이어야만 사간원에서 근무할 수 있었답니다. 하지만, 사간원의 관리가 되었다고 출세가 보장되는 것은 아니었어요. 왕과 고위 관료들이 듣기 싫어하는 소리를 해야 하는 자리인 만큼 평탄할 수만은 없었겠죠. 사실 왕의 입장에서는 자신을 평가하고 지적하는 사간원의 존재가 편하지 않았어요. 그래서 연산군과 같은 폭군은 사간원을 없애버리기도 했답니다. 연산군뿐만 아니라 여러 왕들이 사간원의 권한과 역할을 축소하려고 압력을 행사하기도 했어요.

조선 후기에는 특정 붕당에 이용되는 폐단이 일어나요. 그렇기에 사간원의 관료는 왕의 미움을 받거나 관료들의 모함을 받아 옥에 갇히거나 파직당하는 일들을 심심치 않게 당했어요. 그래서 사간원 관원은 늘 긴장하며 올곧게 살아가려는 노력을 기울여야 했답니다.

그래서일까요? 사간원의 관료에게는 여러 특혜가 주어졌어요. 우선 누구에게도 간섭받지 않고 당당하게 언론 활동을 할 수 있도록 사간원 내에서도 엄격한 위계질서를 강요하지 않았어요. 덕분에 매우 자유롭게 생활할 수 있었습니다. 이것은 직급에 따라 엄격한 상하 관계를 요구하는 사헌부와는 매우 반대되는 모습이었죠. 어느 정도로 자유로웠냐고요? 사간원의 관료는 근무 중에 술을 마셔도 징계받지 않았어요. 이뿐만이 아니라 궁궐을 책임지는 금위군도 사간원 내에는 들어갈 수 없었어요. 설령 사간원의 관리가 잘못을 저질러도 사간원 안으로 몸을 숨기면 체포할 수 없었답니다. 마치 삼한 시대에 소도[39]로 범죄자가 도망치면 붙잡을 수 없었던 것처럼 말이죠. 그리고 이들은 옳고 그름을 평가받는 포폄, 즉 근무 평가를 받지 않는 특혜도 주어졌답니다.

〈사간원〉
* **다른 이름** 간원, 미원
* **담당 업무** 간쟁, 논박
* **관원** 대사간(정3품), 사간(종3품), 헌납(정5품), 정언 2명(정6품)

39) 삼한 때 하늘의 신에게 제사를 지내던, 성스럽게 여기던 구역

역사 속 사간원과 주요 인물

┃사헌부와 분위기가 다른 사간원

사간원과 사헌부는 홍문관과 더불어 '삼사'라 불린 조선을 대표하는 관청이죠. 왕과 고위 관료를 견제하여 어느 누구도 권력을 독점하지 못하도록 하는 동시에 민심을 전달하는 중요한 일을 담당했다는 점에서 사헌부와 공통점을 가지고 있어요. 차이가 있다면 사간원은 왕과 고위 관료를 대상으로 한다면, 사헌부는 왕뿐 아니라 모든 관리와 일반 백성까지 대상으로 삼는다는 점이에요. 그래서 사간원과 사헌부는 관청의 위치도 달랐답니다. 왕과 고위 관료를 대상으로 삼는 사간원의 관청은 궁궐 안에 위치했고, 모든 사람을 대상으로 삼은 사헌부의 관청은 궁궐 바깥에 존재했어요.

이뿐만이 아니었어요. 사헌부와 사간원은 근무하는 분위기도 달랐어요. 앞에서도 언급한 것처럼 사간원은 근무 중에 술을 마셔도 처벌받지 않았어요. 조금 더 자세히 살펴보면, 자연재해로 식량난이 발생하면 조선 조정에서는 금주령을 내려요. 왜냐하면 우리나라의 전통주는 곡물로 빚기 때문이죠. 먹을 것도 부족한데 곡물로 술을 빚으면 이것은 누굴 위한 일이겠어요? 바로 경제적으로 풍요로운 사람 아니겠어요. 이것은 매우 이기적인 행동으로 사회 공동체의 분열을 가져오는 행위죠. 그렇기에 나랏일을 하는 관료들이 금주령을 어긴다는 것은 있을 수도 없는 일이었어요. 특히나 법을 집행하는 관청인 사헌부 관료가 술을 마신다는 것은 절대로 있을 수 없는 일이었죠. 하지만 사간원은 예외였어요. 그렇다고 눈치 없이 술을 마시지는 않았겠지만요.

이외에도 사헌부와 사간원은 출퇴근 시간과 문화도 매우 달랐어요. 사헌부는 자신보다 높은 직급이 출근하면 돌계단 아래까지 나가 맞이해야 했어요. 예를 들어 사헌부의 수장인 대사헌이 들어서면 모든 사헌부 관리가 나와 영접했고, 종3품의 집의가 출근하면 정4품의 장령이 돌계단 아래까지 나가 맞이했죠. 장령이 출근하면 정5품의 지평이 마찬가지로 돌계단 아래까지 나와 맞이했어요. 만약 자신보다 낮은 관원이 없다면 어떻게 했을까요? 그때는 관청에 들어가지 않고 아랫사람이 출근하여 자신을 영접할 때까지 관청 앞에서 기다렸어요. 반면 사간원은 근무 시간이 유연하고 자유로웠죠. 상관이 먼저 오든 나중에 오든 크게 개의치 않고 생활했습니다.

사간원과 사헌부 중 어느 쪽이 서로를 부러워했을까요? 지금이라면 사헌부가 자유로운 분위기의 사간원을 마냥 부러워했을 것처럼 보이지만, 당시에는 그렇지 않았어요. 자신들이 더 중요한 일을 한다는 생각에 자부심을 갖고, 서로를 견제했거든요. 사헌부는 사간원의 불법이나 위법 사항이 있으면 강력하게 탄핵했고, 사간원도 사헌부의 위반 사항이나 문제점이 있으면 탄핵하는 데 주저함이 없었어요. 그렇다 보니 서로를 부러워하기보다는 자신들이 속해 있는 관청의 조직 문화와 방향성이 서로 옳다고 주장했답니다. 그래서 태종 때 사간원과 사헌부가 서로의 잘못을 탄핵하는 데 너무 열을 올리니 '서로 잘못을 들춰내어 탄핵하는 대간들은 아예 벼슬에 등용하지 말자.'라고 의정부가 상소를 올릴 정도였어요.

이런 사실로 보았을 때 사간원과 사헌부의 자존심 대립이 얼마나 심했는지 짐작이 되네요. 그러나 왕과 고위 관료의 잘못에 대해서는 서로 협동하여 문제를 해결하려 했다는 점에서 사간원과 사헌부는 견제와 균형의 원리를 잘 지켜가는 올바른 관계였습니다.

| 연산군에 직언한 사간원 헌납 박한주

성종의 적장자로 태어난 연산군에 관련된 이야기를 여러 번 하게 되네요. 아무래도 연산군이 인간의 도리를 벗어나는 행동을 한 것도 있지만, 법과 제도를 무시한 폭군이기에 또다시 사간원의 이야기에 등장하지 않을 수 없어요. 연산군은 재위 시기 선왕들이 중요하게 여기던 경연을 없애고 사간원을 폐지하여 신하들이 임금에게 충언을 올릴 수 있는 기회를 막아 버렸죠. 그렇게 된 계기를 만든 인물이 박한주1459~1504예요.

박한주는 성종 때 관직에 나간 이후 사헌부에서 감찰을 맡고, 사간원에서도 정언으로 일을 한 경험이 있어요. 박한주가 사간원 정언으로 있을 때 경연관 이세좌가 국왕에게 아첨하여 국정을 어지럽힌다며 국문[40]을 열어달라고 요구해요. 이처럼 상대가 아무리 관직이 높다 할지라도 해야 할 말이 있으면 반드시 해야 하는 강직함을 보였어요. 또한 박한주는 고위 관료로 빠르게 승진할 수 있는 길을 포기하고 부모님을 부양하기 위해 스스로 창녕 현감으로 내려가요. 이곳에서 백성에게 선정을 베풀어 품계가 올라가는 등 성종에게 큰 칭찬을 받습니다.

임기를 마친 박한주는 연산군이 즉위한 지 3년이 되는 해 사간원 헌납이 돼요. 이때 박한주는 간신 임사홍의 잘못을 비판

40) 범죄자를 신문하고 죄를 캐내던 법률 절차

하는 상소문을 올려요. 여기서 그치지 않고 연산군의 잘못도 지적하며 국정을 바로 이끌어 달라고 요청합니다.

하나의 예를 들어볼까요. 어느 날 박한주는 연산군을 찾아가 "후원에서 말을 타고 격구를 즐기기 위해 용봉장막을 치고 놀이에만 빠져있으십니까. 어찌 종묘사직에 제사는 아니 지내십니까?"라며 충언을 올려요. 조선 시대에 종묘에서 제사를 지내는 것은 백성을 위해 나라를 세우고 국정을 운영해 온 선왕의 유지를 받들어 선정을 베풀겠다는 의지를 다잡는 것을 의미해요. 사직단에서 토지와 곡신의 신에게 제사를 올리는 것은 백성의 생계를 책임져서 행복한 삶을 살 수 있도록 국왕으로서 최선을 다하겠다는 의지를 보여 주는 것을 의미하고요. 다시 말하면 연산군에게 개인의 사사로운 즐거움을 추구하기보다는 국왕으로 즉위할 때 나라를 잘 이끌겠다고 맹세한 초심을 되새겨 보라고 말한 것이었죠. 그러나 박한주의 소리에 흔들릴 연산군이 아니었어요. 오히려 "용봉장막이 네 것이기라도 하단 말이야?"라며 역정을 냈어요. '조선은 왕의 것이고, 내가 왕으로서 마음대로 하겠다는 것인데 감히 신하가 된 자로서 뭐라 하느냐.'라는 속내를 보인 거죠. 박한주도 대단한 것이 한 치의 물러섬도 없이 "그것은 백성의 힘으로 이루어진 것입니다. 어찌 상감마마의 사사로운 물품이라고 하겠습니까."라며 반박합니다.

당연히 박한주는 연산군 밑에서 더는 일할 수 없었어요. 정확하게 말하면 언론 활동을 인정하지 않고 막아 버리는 연산군 밑에서 더는 자신이 할 수 있는 일이 없음에 한계를 느낀 것이죠. 그래서 외직을 청하여 평해와 예천 군수로 내려갑니다. 이제 자신에게 비판하는 사람들이 없어지자, 연산군의 폭정은 더욱 심해졌어요. 자신에게 조금이라도 대들거나 안 좋은 소리를 하면 누구라도 가만두지 않았죠. 복수도 잊지 않아서 김종직의 「조의제문」[41]으로 사림들을 제거하는 무오사화 때 박한주를 김종직의 제자 무리 중 하나로 붕당을 지어 국정을 비방했다는 죄명을 씌워 장 80대를 때리고 평안북도 벽동으로 유배 보내요. 연산군은 여기서 그치지 않고 생모인 폐비 윤씨의 죽음과 관련하여 갑자사화를 일으켰을 때 박한주를 처형합니다.

역사는 올바른 사람과 정의를 기억합니다. 연산군은 중종반정으로 쫓겨나 강화도 교동에서 죽음을 맞이한 이후 지금까지 폭군이라는 부정적인 평가에서 벗어나지 못합니다. 반면 박한주는 중종반정 이후 명예가 회복되었고, 조광조의 요청으로 사망 후 도승지 겸 예문관 직제학이 되죠. 더 나아가 밀양 예림 서원과 함안 덕안 서원, 대구 남강 서원에 위패가 모셔져 후학의 본보기로 존경받습니다.

41) 성종 때 김종직이 세조의 왕위 찬탈을 빗대어 지은 글

생각거리

* 박한주는 연산군에게 직언을 했고, 그로 인해 불이익을 받았습니다. 권력자에게 올바른 말을 하는 '용기 있는 사람'이 왜 사회에 필요한지 자신의 생각을 정리해 보세요.
* 연산군은 언론을 막고 비판하는 신하들을 내쫓았습니다. 권력을 가진 사람에게 '견제와 비판'이 왜 필요한지 구체적으로 제시해 보세요.
* 박한주는 연산군 재위 시기 큰 고난을 겪고 목숨을 잃었지만, 훗날 명예가 회복되고 후학들의 본보기로 존경받게 됩니다. 반면 연산군은 역사 속 '폭군'으로 기록되었습니다. 이 두 인물의 마지막을 보면서, 역사가 기억하는 '올바른 사람과 정의'란 무엇인지 자신의 생각을 이야기해 보세요.

VIII

성종 때 만든 언론 기관
홍문관

홍문관이 올리기를,

"태종과 세종은 매일 시사를 했고,

성종도 한여름에도 경연을 이어 대부들에게

말씀을 전하셨습니다… 이제라도 날씨를 살펴

가끔 경연에 나오셔서 상하의 정이

흐트러지지 않도록 하소서."

–『중종실록』

"이번에 집현전을 계승한 새로운 관청이 생겼다면서?"

"응. 홍문관이라고 하더군."

"그런데 집현전은 왜 사라진 거야?"

"집현전이 세조에게 반발했기 때문 아닌가. 대표적으로 사육신의 난이 있지 않았나."

"맞아. 그랬지. 이제 궁궐에 사는 왕에게 세상 돌아가는 이야기들을 전달하는 기구가 생겼으니 보다 나은 세상이 만들어지겠군."

"나도 그런 점에서 기대가 된다네. 특히 홍문관에 배치되는 관원은 아주 뛰어난 능력과 인품을 갖췄다니 앞으로 더 기대되지 않는가."

홍문관은 성종 때 만들어진 언론 기관으로 '옥당'이라고도 불렸어요. 홍문관은 어떤 일을 담당했고, 어떤 사건과 인물이 있는지 알아보죠.

홍문관의 기능과 변천

궁중 서적과 역사 기록물 관리, 문서 처리 그리고 왕에게 자문을 하던 홍문관은 중국 당나라에서 운영하던 수문관을 고려가 도입하여 설치한 관청이에요. 고려에서 숭문관이라 불리던 것을 조선 성종이 홍문관으로 이름을 바꾸었지만, '옥당' 또는 맑고 깨끗한 곳이라는 '청연각'이라 더 많이 불리었답니다.

홍문관의 전신은 세종이 만든 집현전으로 학문 연구만이 아니라 언론 기관의 역할도 했어요. 그러나 계유정난 이후 정권을 잡은 세조의 정책에 비판하는 일이 많았어요. 세조의 입장에선 집현전이 자신의 편이 아니라는 것이 큰 부담으로 다가왔죠. 그러던 찰나 세조를 내쫓고 단종을 복위하려는 사육신의 난이 일어나자 집현전을 폐지해 버려요. 그러고는 왕이 신하나 백성에게 내리는 교서를 작성하던 예문관에 집현전의 기능을 넘깁니다.

세조가 왕이 된 지 9년이 되는 해 양성지의 건의로 책을 보관하던 곳의 이름을 장서각에서 홍문관으로 바꾸고는 홍문관을 학문을 연구하고 왕의 공부를 도와주는 기관으로 만들어요. 쉽게 말하면 왕실 도서관이자 연구소가 된 거죠. 그 뒤 성종은 집현전의 기능을 홍문관에 옮겨놓고, 예문관은 예전처럼 왕의 명령문이나 공식 문서를 쓰는 일만 담당하도록 했어요. 이후 홍문관은 사헌부, 사간원과 더불어 학술적 기관이자 정치적 기관으로 활동하며 '삼사'라고 불리게 됩니다.

홍문관 관리가 되는 일은 보통 어려운 일이 아니었어요. 왕을 비롯한 관료들에게 학문과 인품을 인정받아야 하는 것은 기본이고, 집안에 아무런 문제가 없어야 했어요. 이 조건이 충족되면 홍문관·이조·의정부 세 기관이 인물을 심사해서 선발했어요. 이처럼 홍문관 관원이 되기 위해 복잡한 절차를 거쳐야 했던 이유는 고위 관료 중에 홍문관을 거치지 않은 사람이 없을 정도로 홍문관의 관원은 출세의 지름길이었기 때문이죠. 즉, 출발부터 엘리트라는 인식을 달고 남들보다 앞서나갈 수 있는 자리가 홍문관이었습니다.

홍문관의 최고 높은 자리인 영사는 의정부 재상이 맡았지만, 실질적으로 운영하는 것은 대제학이었어요. 그 밑의 홍문관 부제학에서 부수찬은 왕의 명령을 문서로 작성하는 지제교를 겸했습니다. 그리고 홍문관 관원이라면 모두가 왕에게 강의하는 경연관으로 활동하는 등 누구보다 왕을 가장 가까이에서 모실 수 있었죠.

그중 대제학은 홍문관만이 아니라 예문관의 수장도 맡아서 '나라의 학문을 바르게 평가하는 저울'이라는 의미로 '문형'이라고 불리기도 했어요. 학문을 숭상하던 조선에서는 의정부 재상보다 문형을 더 높이 평가했던 만큼, 홍문관 대제학이 되면 가문의 영광으로 여겼답니다. 실제로도 문형이 재상보다 더 되기 어려웠어요. 재상 임명과 달리 문형이 되기 위해서는 전임 대제학들이 모두 한 자리에 모여 문형에 오를 후보자 이름 위에 동그라미를 하여 투표하는 권점을 거쳐야 했어요. 이때 가장 많은 표를 받은 사람이 홍문관 대제학으로 임명되었죠.

홍문관 대제학만이 아니라 홍문관 관원도 권점으로 선발했어요. 1차는 홍문관 부제학 이하 모든 현직 관원이 참석했고, 2차에서는 의정부와 이조의 당상관이 참여했어요. 여기서 선발되면 다시 역사를 묻는 시험으로 최종 합격자를 가렸어요. 이 과정을 거쳐 홍문관 관원이 되어서도 공부를 게을리할 수가 없었어요. 매달 3회씩 글을 짓게 하는 월과를 시행하여 상벌이 주어졌거든요. 성적이 좋지 않으면 당연히 징계가 내려졌고, 대신 월과에서 다섯 번 일등하면 품계를 올려 주는 상이 내려졌어요.

그럼 홍문관의 가장 중요한 업무가 무엇인지 살펴볼까요. 홍문관은 외교 문서 등 각종 문서와 역사 기록을 작성하고 관리했어요. 외교 문서는 승문원, 공식 문서는 예문관이 담당하지 않냐고요? 맞아요. 그러나 홍문관 관원이 가장 중요한 재원이고 뛰어난 능력을 갖춘 만큼 중요한 기록이나 외교 문서를 작성할 때는 반드시 홍문관 관원을 참여시켰어요. 더불어 각종 정책을 백성에게 반포하는 글이나 정부에 올라온 각종 문건에 대한 답을 작성하는 것도 홍문관이 해야 하는 일이었죠. 이외에도 각종 제사의 제문, 건축에 들어가는 상량문, 음악의 악장 등의 기록도 담당했답니다. 역사를 기록하는 사관 역할도 맡아서 왕 옆에서 보고 들은 내용을 사초로 작성한 뒤, 왕이 죽은 이후 실록을 편찬할 때 참여했고요.

홍문관 관원은 다방면의 뛰어난 지식을 갖춰야 했기에 우리나라와 중국의 정치, 경제 정책 등을 연구하고 공부했어요. 이를 바탕으로 왕과 고위 관료들이 모여 국가 주요 정책을 모색하는 경연에서 현재의 문제에 대한 개혁안도 제시했습니다. 이때 품계가 낮은 홍문관 관원들이 내는 개혁안은 백성들의 뜻이 담긴 민의이자 새로운 세상으로 나아가고자 하는 의지가 담겨 있어 국왕조차도 무시할 수 없는 힘이 있었답니다.

〈홍문관〉

* **다른 이름** 옥당, 옥서, 영각, 서서원, 진독청, 청연각
* **담당 업무** 궁중 서적과 역사기록물 관리, 문서 처리, 왕에게 자문, 경연 주관
* **관원** 영사(정1품), 대제학(정2품), 제학(종2품), 부제학(정3품), 직제학(정3품), 전한(종3품), 응교(정4품), 부응교(종4품), 교리 2명(정5품), 부교리 2명(종5품), 수찬 2명(정6품), 부수찬 2명(종6품), 박사(정7품), 저작(정8품), 정자 2명(정9품)

역사 속 홍문관과 주요 인물

23년간 문형을 지낸 서거정

서울 강북에 '사가정길'이 있어요. 그 밑으로는 지하철 7호선 사가정역이 있고요. '사가정'은 조선의 문신 서거정1420~1488의 호로 용마산 부근에 자신이 좋아하는 매화, 대나무, 연꽃, 해당화를 심어 놓고 정자를 지어 놓은 것에서 유래한 지명이에요. 서거정은 살아 있는 동안 세종부터 성종까지 6명의 왕을 45년 동안 섬기고, 23년간 문형을 지냈어요. 48세에 대제학이 된 이후에는 23차례나 과거 시험을 관장하며 조선을 이끌어 갈 인재를 선발한 인물이기도 합니다.

서거정은 19살에 과거 급제했지만, 25살이 되어서야 벼슬에 올랐어요. 28살에 홍문관 부수찬이 되면서 모두의 부러움을 샀어요. 홍문관에 배치된다는 것은 가문과 능력 모두를 인정받았음을 의미하니까요. 사실 서거정의 능력도 능력이지만, 집안도 대단했어요. 서거정의 아내는 조선 초대 대제학을 지낸 권근의 딸이었고, 그의 집안도 증조할아버지부터 계속 관리로 활동해온 명문가였어요. 그러나 아무리 집안 배경이 좋아도 능력이 뒷받침되지 않으면 이득이 아니라 손해가 되기도 하죠. 그런 점에서 서거정은 능력과 집안 배경 모두를 갖추었기에 부러움의 대상이 되었습니다.

그런 그에게 목숨을 건 선택의 기로가 찾아왔어요. 훗날 세조가 되는 수양 대군이 황보인과 김종서 등 수십 명을 죽이고 정권을 잡는 계유정난이 일어났거든요. 서거정은 수양 대군이 명나라 사신으로 갈 때 종사관으로 따라가면서 인연을 맺은 사이였고, 사육신의 박팽년하고는 오래도록 시를 주고 받으며 우정을 나눈 가까운 사이였죠. 깊은 고심 끝에 서거정은 수양 대군을 선택합니다. 아무래도 계유정난을 일으킨 주역이던 한명회와 동문수학한 사이였고, 권람은 권근의 손자로 자신과 혈연으로 맺어져 있었기 때문이지요.

세조는 국왕에 즉위한 후 서거정을 공조·예조·이조 참의, 형조·예조 참판, 형조 판서, 예문관 대제학 등 주요 관직에 잇따라 발탁해요. 서거정의 능력이 국가를 경영하는 데 꼭 필요했기 때문이에요. 47세에는 형조 판서로서 예문관 대제학과 성균

▲『경국대전』

출처: <경국대전 권지일>, 국립민속박물관

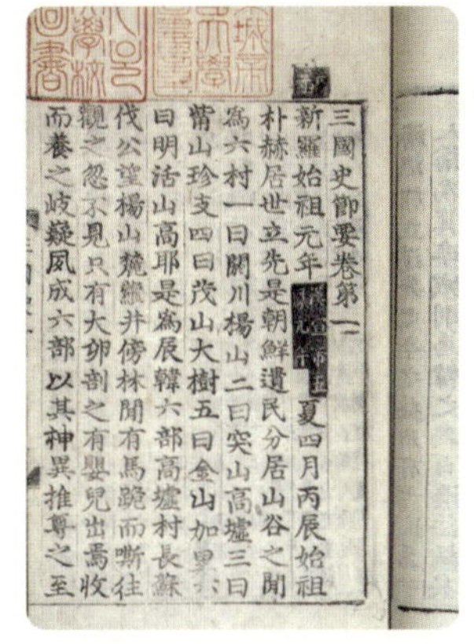

三國史節要卷第一
新羅始祖元年 夏四月丙辰始祖
朴赫居世立先是朝鮮遺民分居山谷之間
爲六村一曰閼川楊山二曰突山高墟三曰
觜山珍支四曰茂山大樹五曰金山加里六
曰明活山高耶是爲辰韓六部高墟村長蘇
伐公望楊山麓蘿井傍林間有馬跪而嘶往
觀之忽不見只有大卵剖之有嬰兒出焉收
而養之岐嶷夙成六部以其神異推尊之至

▲『삼국사절요』

출처: <삼국사절요>, 한국민족문화대백과사전

관지사를 겸하며 문형을 관장하다 보니, 국가에서 편찬하는 책과 문서 중에 서거정의 손을 거치지 않은 것이 없었어요. 50세에는 『경국대전』을 편찬하는 데 참여하고, 57세에는 『삼국사절요』를 편찬합니다. 59세에는 홍문관 대제학을 겸하면서 130여 권에 방대한 양을 자랑하는 『동문선』을 펴내요. 64세가 되던 해에는 의정부 좌찬성에 올라 『동국통감』을 편찬하죠. 이외에도 너무 많은 책을 편찬해서 일일이 열거하기 어려울 정도랍니다.

서거정은 오늘날 조선 전기를 이끈 훈구파가 어떠한 사상을 가지고 정국을 이끌고자 했는지를 알려 주는 인물이기도 해요. 23년간 문형으로서 과거 시험 문제를 출제했던 서거정을 통해 조선 전기의 시대상을 추론할 수 있거든요. 예를 들어 서거정이 참여하여 편찬한 『삼국사절요』에서는 기존의 신라 중심의 역사 서술이 아니라 고구려·백제·신라가 서로 대등하게 경쟁했다는 인식을 보여 주고 있어요. 『동국여지승람』에서는 단군이 나라를 처음 세우고, 기자가 영토를 받은 이래로 삼국과 고려 시대에 넓은 영토를 차지했다고 주장하며 우리의 자주적인 모습을 보여 줍니다.

| 성종과 홍문관 학사의 경연 토론

13세에 왕으로 즉위한 성종은 성년이 되기까지 정희 왕후가 수렴청정하고, 훈구파인 한명회와 신숙주가 국정을 보필했어요. 하지만 성종은 직접 정치를 하게 되자 김종직과 김굉필 등 사림 세력을 등용해 훈구파를 견제했습니다. 그로 인해 사림들이 중앙 정계에 진출하면서 조선은 성리학적 질서가 더욱 강화되고, 여러 문물 제도가 완성되었어요. 이를 위해 성종은 세조 때 없어진 집현전의 후신으로 홍문관을 설치하고, 뛰어난 문신에게 학문 연구를 할 수 있는 사가독서제를 운영했어요. 사가독서제는 유능한 젊은 학자들을 뽑아 휴가를 주고 독서당에서 공부하게 한 것을 말합니다.

성종은 관료들에게만 학문을 닦고 성품을 기르도록 강요하지 않았어요. 본인도 경연을 통해 성장하기 위해 노력했지요. 경연이란 국왕이 유교 경전이나 역사서를 신하들과 함께 읽고 토론하며 정치 원칙을 학문적으로 확인하는 자리예요. 성종이 얼마나 경연에 진심이었냐면, 하루 세 차례 참석하여 홍문관 학사들과 직접 토론하는 것을 마다하지 않았습니다. 이토록 경연에 적극적으로 참여한 것은 홍문관을 통해 국정을 주도하려는 성종의 의도가 담겨 있는 것이죠. 홍문관의 뛰어난 인재를 경연에 참여시켜 정치 감각 등 여러 능력을 키운 다음, 자신이 추구하는 국정 운영을 지지하고 시행할 관료로 육성하고자 한 것이에요.

그럼 성종과 홍문관 학사들이 어떤 내용으로 토론을 벌였는지 살펴볼까요. 한번은 성종이 "군주의 권위와 백성의 자유 중 어느 쪽이 더 우선하는가?"라고 물어요. 이에 홍문관 학사들이 맹자의 민본주의를 강조하며 백성을 먼저 생각해야 한다고 답합니다. 성리학적 질서에 입각하여 조선을 경영하고자 했던 성종은 이 대답에 매우 흡족해 했다고 해요. 동시에 자신이 권력의 주체이자 동시에 백성의 보호자라는 사실을 깨달았다고 합니다. 이외에도 성종은 경연을 통해 도덕적 수양, 백성 교화, 인재 등용 등 여러 주제로 토론을 했어요. 이때마다 홍문관 학사들은 군주의 사사로운 욕망을 경계해야 한다고 했죠.

성종의 경연에 대한 자세는 후대 왕들에게 큰 영향을 미치면서, 조선만의 독특한 정체성을 만들어 냅니다. 국왕은 단순히 절대 권력을 행사하는 존재가 아니라, 학문과 도덕을 바탕으로 통치해야 한다는 전통을 말이죠. 또한 홍문관 학사들이 참여하는 경연을 단순히 왕의 학습을 위한 것이 아니라, 국가 운영의

원리를 함께 고민하는 공론장으로 자리 잡게 만듭니다. 그렇기에 조선은 동시대에 어느 왕조보다도 수준 높은 정치 문화를 형성하였으며, 민주주의 요소의 모습도 찾아볼 수 있게 해 줍니다.

생각거리

* 성종은 단순히 명령을 내리는 왕이 아니라, 신하들과 함께 배우고 토론하는 왕이었습니다. 이런 태도가 나라의 정치에 어떤 영향을 주었을지 자신의 생각을 말해 보세요.
* 성종은 경연에서 "군주의 권위와 백성의 자유 중 어느 쪽이 더 우선하는가?"라고 물었습니다. 이 질문에 여러분이 홍문관 학사였다면 어떻게 답했을까요? 왜 그렇게 생각하는지 말해 보세요.
* 성종은 '경연'에 적극적으로 참여하며 홍문관 학사들과 토론했습니다. 성종이 경연에 진심이었던 이유와 경연이 조선 시대 국가 운영에 미친 긍정적인 영향(왕의 학습, 공론장 기능 등)에 관해 구체적인 사례를 들어 설명해 보세요.

부록

| 조선 시대 관료 품계표 |

위계	품	계	동반(문관)	서반(무관)	관직명
당상관	정1품	상	대광보국 숭록대부		영의정, 우의정, 좌의정, 영사, 도제조
		하	보국 숭록대부		
	종1품	상	숭록대부		좌・우찬성, 판사
		하	숭정대부		
	정2품	상	정헌대부		좌・우참찬, 6조판서, 대제학, 5위도총관, 한성 판윤
		하	자헌대부		
	종2품	상	가정대부		6조 참판, 대사헌, 관찰사, 동지사, 부총관, 병마절도사, 수군절도사
		하	가선대부		
	정3품	상	통정대부	절충장군	6조 참의, 도승지, 부제학, 목사, 수군절도사, 병마절제사
		하	통훈대부	어모장군	병조 참지, 직제학, 상호군
당하관	종3품	상	중직대부	건공장군	사헌부 집의, 사간, 대호군, 병마첨절제사, 수군첨절제사
		하	중훈대부	보공장군	
	정4품	상	봉정대부	진위장군	사헌부 장령, 응교, 호군, 도선
		하	봉렬대부	소위장군	
	종4품	상	조산대부	정략장군	청정, 군수, 부호군, 병마동첨절제사, 수군만호
		하	조봉대부	선략장군	
참상관	정5품	상	통덕랑	과의교위	6조 정랑, 교리, 직강, 찬의, 사직
		하	통선랑	충의교위	
	종5품	상	봉직랑	현신교위	판관, 별좌, 부교리, 현령, 도사, 부사직
		하	봉훈랑	창신교위	
	정6품	상	승의랑	돈용교위	6조 좌랑, 감찰, 정언, 전적, 사과, 장안, 좌・우익찬
		하	승훈랑	진용교위	
	종6품	상	선교랑	여절교위	주부, 찰방, 현감, 교수, 종사관, 부사과, 병마절제도위
		하	선무랑	병절교위	
참하관	정7품		무공랑	적순부위	봉교, 사정, 참군
	종7품		계공랑	분순부위	직장, 부사정, 근사
	정8품		통사랑	승의부위	부직장, 좌・우시직, 별검
	종8품		승사랑	수의부위	봉사, 부사맹, 전곡, 화리
	정9품		종사랑	효력부위	훈도, 부봉사, 전성, 사용
	종9품		장사랑	전력부위	참봉, 전화, 부사용, 초관

ㅣ 조선 시대 행정 기구표 ㅣ

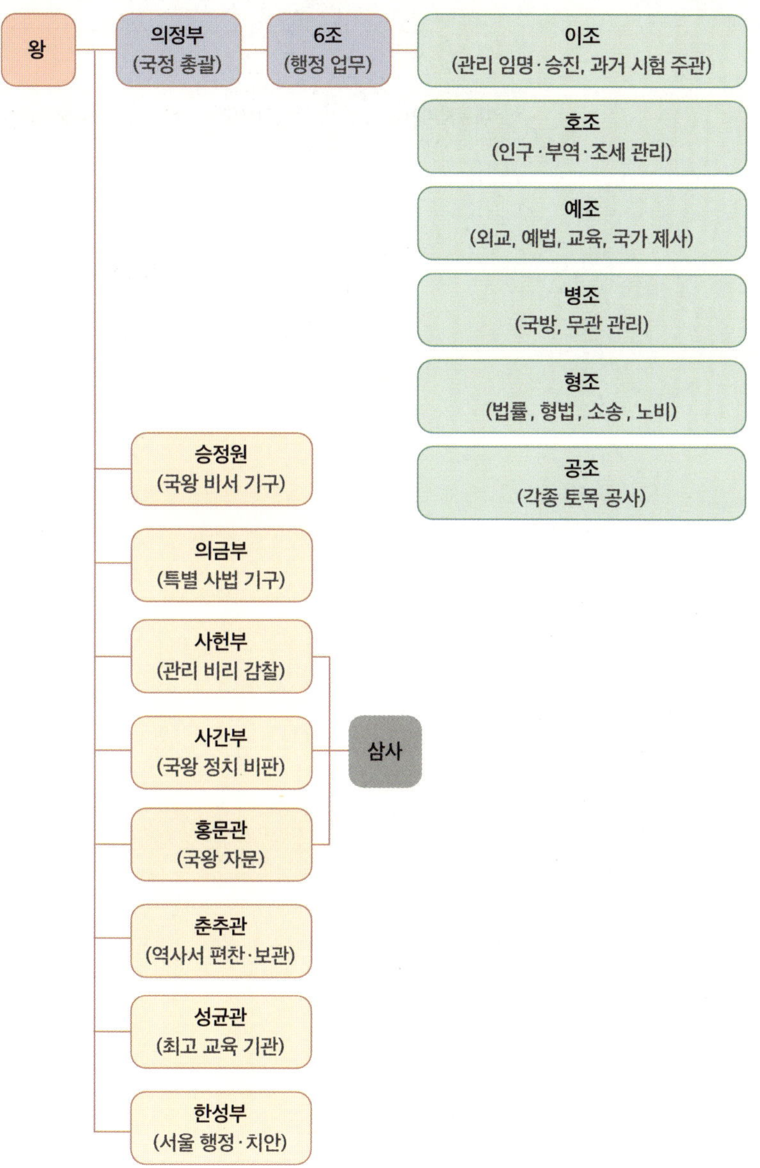

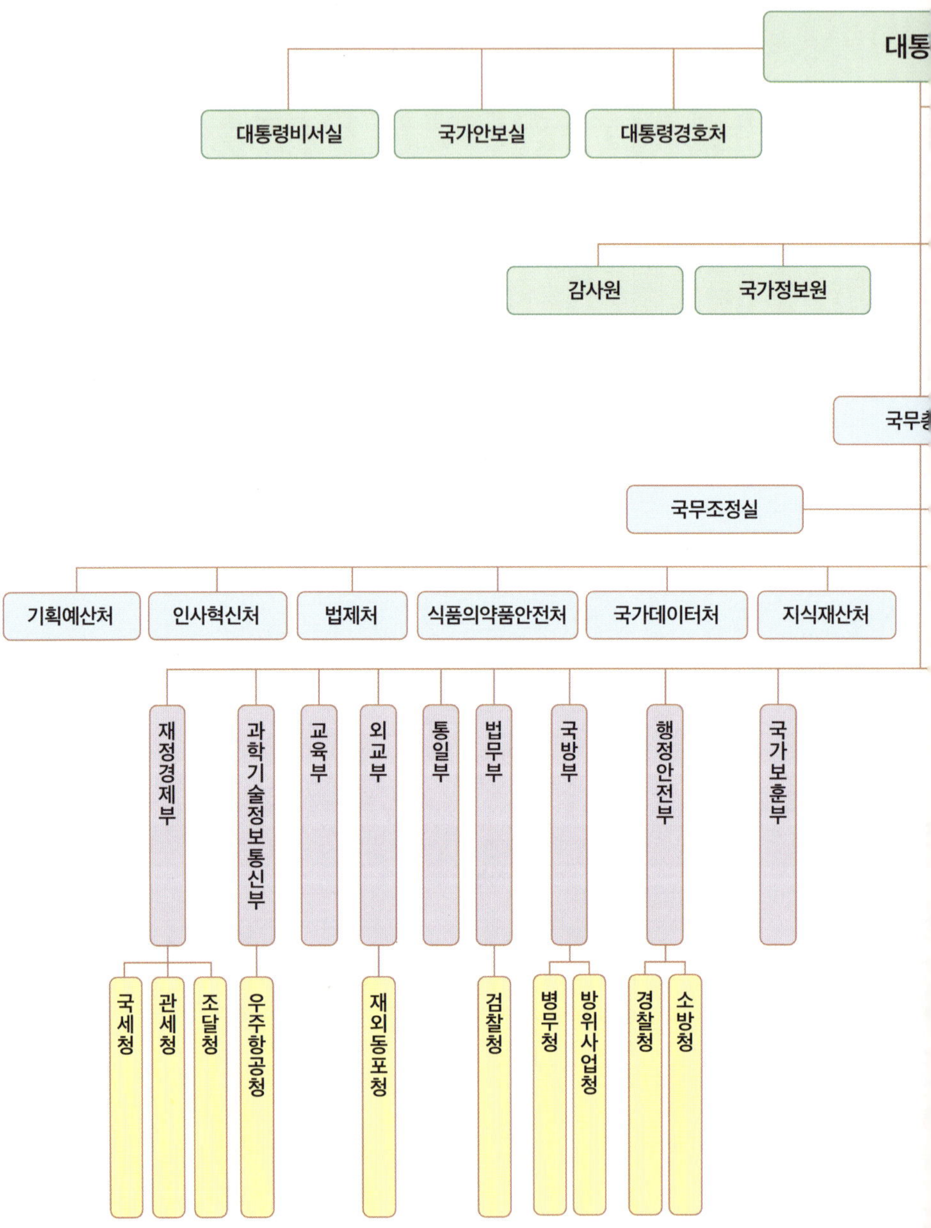
대통
대통령비서실
국가안보실
대통령경호처
감사원
국가정보원
국무총
국무조정실
기획예산처
인사혁신처
법제처
식품의약품안전처
국가데이터처
지식재산처
재정경제부
과학기술정보통신부
교육부
외교부
통일부
법무부
국방부
행정안전부
국가보훈부
국세청
관세청
조달청
우주항공청
재외동포청
검찰청
병무청
방위사업청
경찰청
소방청

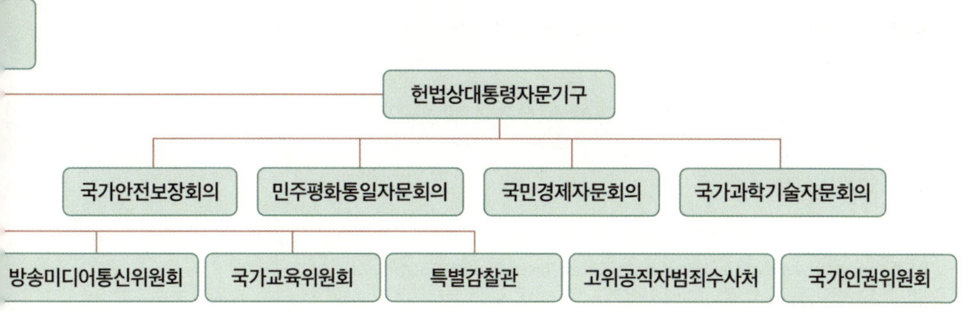

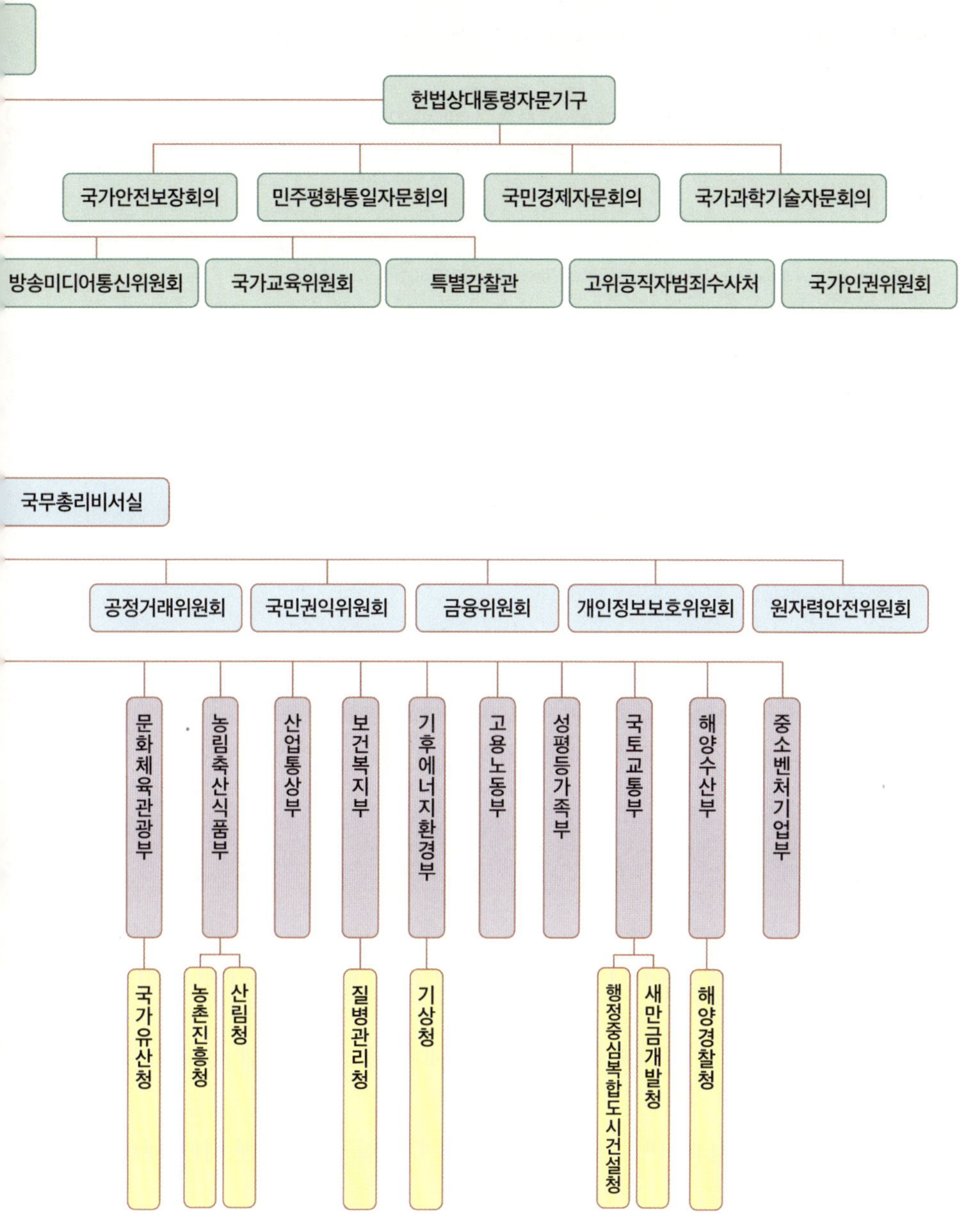

헌법상대통령자문기구
국가안전보장회의
민주평화통일자문회의
국민경제자문회의
국가과학기술자문회의
방송미디어통신위원회
국가교육위원회
특별감찰관
고위공직자범죄수사처
국가인권위원회
국무총리비서실
공정거래위원회
국민권익위원회
금융위원회
개인정보보호위원회
원자력안전위원회
문화체육관광부
농림축산식품부
산업통상부
보건복지부
기후에너지환경부
고용노동부
성평등가족부
국토교통부
해양수산부
중소벤처기업부
국가유산청
농촌진흥청
산림청
질병관리청
기상청
행정중심복합도시건설청
새만금개발청
해양경찰청

▲ 2026년 1월 정부조직법에 따른 조직도
출처: https://org.go.kr/oam/gvrnOrgChartView.ifrm

〈사진·그림 출처〉

30쪽 https://www.museum.go.kr/site/main/relic/search/view?relicId=1420

38쪽 https://www.heritage.go.kr/heri/cul/imgHeritage.do?ccimId=4140070&ccbaKdcd=12&ccbaAsno=00193600000O&ccbaCtcd=33

53쪽 https://openlab.eseoul.go.kr/gallery/viewStoryMapContent.do?scid=Kck30M2SIJQMFkj-oXWH4w

65쪽 https://encykorea.aks.ac.kr/Article/E0046090

76쪽 https://encykorea.aks.ac.kr/Article/E0044017

91쪽 https://www.moef.go.kr/mi/gnrsts/sim.do?menuNo=9010000

92쪽, 175쪽, 179쪽 공유마당(국세청, 법무부, 고위공직자범죄수사처, 법제처) https://gongu.copyright.or.kr/gongu/bbs/B0000022/list.do?menuNo=200197&nttId=0&searchCnd=1&optn1=&optn2=&searchWrd=%EA%B8%B0%ED%9A%8D%EC%9E%AC%EC%A0%95%EB%B6%80

102쪽 https://encykorea.aks.ac.kr/Article/E0027386

110쪽 https://encykorea.aks.ac.kr/Article/E0028976?utm_source=chatgpt.com

142쪽 https://encykorea.aks.ac.kr/Article/E0049295

147쪽 https://encykorea.aks.ac.kr/Article/E0026789

210쪽 https://www.heritage.go.kr/heri/cul/culSelectDetail.do?pageNo=1_1_1_1&sngl=Y&ccbaCpno=1111103030000

279쪽(위) https://www.emuseum.go.kr/detail?relicId=PS0100200100105774800000

279쪽(아래) https://encykorea.aks.ac.kr/Article/E0026480

조선의 관청, 대한민국 정부

초판 1쇄 인쇄 | 2026년 3월 12일
초판 1쇄 발행 | 2026년 3월 24일

지은이 | 유정호

발행인 | 박효상
편집장 | 김현
기획·편집 | 장경희

교정·교열 | 김주은
디자인·조판 | MOON-C design

마케팅 | 이태호, 이전희
관리 | 김태옥

종이 | 월드페이퍼 인쇄·제본 | 예림인쇄·바인딩

발행처 | 사람in 출판등록 | 제10-1835호

주소 | 04034 서울시 마포구 양화로 11길 14-10 (서교동) 3F
전화 | 02) 338-3555(代) 팩스 | 02) 338-3545
E-mail | saramin@netsgo.com Website | www.saramin.com
인스타그램 | www.instagram.com/saramin_books 블로그 | blog.naver.com/saramcom

ISBN | 979-11-7101-222-0 44900 979-11-7101-221-3 (세트)

책값은 뒤표지에 있습니다.
파본은 바꾸어 드립니다.